Tirso de Molina

Bellaco sois, Gómez

Barcelona **2024**
Linkgua-ediciones.com

Créditos

Título original: Bellaco sois, Gómez.

© 2024, Red ediciones S.L.

e-mail: info@linkgua.com

Diseño de cubierta: Michel Mallard

ISBN tapa dura: 978-84-9897-295-5.
ISBN rústica: 978-84-9816-486-2.
ISBN ebook: 978-84-9897-130-9.

Sumario

Brevísima presentación

La vida

Tirso de Molina (Madrid, 1583-Almazán, Soria, 1648). España. Se dice que era hijo bastardo del duque de Osuna, pero otros lo niegan. Se sabe poco de su vida hasta su ingreso como novicio en la Orden mercedaria, en 1600, y su profesión al año siguiente en Guadalajara. Parece que había escrito comedias y por entonces viajó por Galicia y Portugal. En 1614 sufrió su primer destierro de la corte por sus sátiras contra la nobleza. Dos años más tarde fue enviado a la Hispaniola (actual República Dominicana) y regresó en 1618. Su vocación artística y su actitud contraria a los cenáculos culteranos no facilitó sus relaciones con las autoridades. En 1625, el Concejo de Castilla lo amonestó por escribir comedias y le prohibió volver a hacerlo bajo amenaza de excomunión. Desde entonces solo escribió tres nuevas piezas y consagró el resto de su vida a las tareas de la orden.

Personajes

Boceguillas
Don Francisco
Don Gregorio
Doña Ana
Doña Petronila
Melchora
Montilla
Tres cocheros
Tres esbirros
Tres estudiantes
Un alguacil

Jornada primera

(Salen doña Ana, de hombre, como de camino, con la cruz de San Juan al pecho, y Boceguillas, gracioso.)

Boceguillas   Ésta es la venta maldita
que intitulan de Viveros,
con su alameda, que enana,
ha sido a tanto suceso
otra selva de aventuras.
Aquí tienen su colegio
los grajos de esta comarca,
cuyos pollos los venteros
bautizan en palominos;
y a todo escolar hambriento
le dan grajuna fiambre
en lugar de perro muerto;
aquí cuantos se ensotanan,
se matriculan primero;
en todo dama bullaque
todo jácaro cochero;
aquí, en fin, si hacemos noche,
te espera, cuando cenemos,
vino del Monte Calvario,
pan como un veintidoseno;
rocín-ternera en adobo,
barbo, esto sí, jarameño,
corto mantel de la Mancha,
pie de taza por salero,
y, en llegando el tanto monta
aceitunas de reniegos.

Ana   ¡Ay, francesas hosterías!

Boceguillas	Dicen que el rico avatiento fue de Francia.
Ana	Anda, borracho, Pilatos, sí.
Boceguillas	Soy un necio.

(Dentro voces y riña.)

Estudiante I	¡Aquí de todo el Alcarria!
Cochero I	¡Aquí del cochero gremio! ¿Ramos? ¿Garrancho? ¿Palomo? ¿Juan el Zurdo? ¿Gil el Tuerto?
Ana	¿Por quí serán estos gritos?

(Salen con terciados tres estudiantes con giferos, tres cocheros y Montilla con daga, riñendo.)

Boceguillas	Pendencia es, sin duda, en cueros, vel jarros, pan cotidiano de sopistas y cocheros. Calla y verás maravillas.
Ana	Pues aquí nos retiremos, que gusto de carambolas semejantes.
Boceguillas	Toma puesto.
Estudiante I	¡Fuera dije!

Cochero I	¡Vive Cristo! ¡Téngase todo gifero, todo gorrista terciado, todo bribón de convento! ¡El codillo ha sido burro a pagar de mi dinero!
Estudiante I	Pues repóngalo.
Montilla	¿Qué llama reponer, aunque sobre eso?
Estudiante I	No hay sobre eso o sobre esotro; yo soy juez y lo sentencio.
Montilla	Aunque lo sentencien cuantos aran y cavan.

(Sale don Gregorio.)

Gregorio	¿Qué es esto, Montilla? Pues tú alborotas la venta.
Montilla	Quieren con fieros, porcionistas y arremulas, meternos aquí los dedos por los ojos.
Cochero II	A él le digo tenga un poco de respeto, que aquí toda es gente honrada.
Montilla	¿Quién lo niega?

Gregorio	¿Por qué es ello?
Estudiante I	No es más que por treinta cuartos.
Gregorio	¿De qué los debe?
Estudiante II	Del juego.
Gregorio	¿A qué jugabas?

Montilla

Al hombre,
y oiga vuested si los debo.
Yo era, postre; salió un cinco
de bastos; robéle en premio
de que me entró el as garrote,
el rey, la sota y, con ellos,
el tres, que hacen cinco triunfos;
baldéme de copas luego,
porque ya lo estaba de oros;
los otros dos compañeros
casi todos carta blanca
pasaban; pero, soberbio
el que era mano, se hizo hombre
cuando se vio, escuche el cuento,
con la trinca coronada,
malilla, espada y tras éstos,
otros dos con el caballo
el el as de oros. Dijo: «Empiezo»,
sacó el rey doblón, ahorquéle;
el cinco, de espadas juego;
atraviesa el socio un triunfo
con que el hombre sin remedio
se halló de otro rey baldado;

lo mismo fue el rey tercero,
de copas, que imitó a Judas,
ahorcado de pie de perro;
vuélvole por las espadas,
que se llevó sin remedio
el tal hombre, atravesando
entonces los cuatro leños;
triunfa con la espada; sirvo
con el cinco; hago lo mesmo
con la sota, a la malilla;
y quedóse el pobre guero
con solo un triunfo a caballo,
mas con el rey se le pesco;
vióse el dicho con tres bazas,
con un par los compañeros,
yo con tres, y faltaba una
tan solamente. Aquí es ello.
Enseñéles en la mano,
para rematar el pleito,
por última carta el basto.
Dicen, pues porque me meto,
habiéndole visto todos
en la baraja y no le echo.
en la mesa, que fue burro;
que el codillo por él pierdo
y que reponga la polla.
¿Sentenciara tal Gayferos?

Estudiante II   Sentenciáralo una mula.

Montilla   ¿Por qué?

Estudiante I   Porque dio recelos
de que jugó con diez cartas

y, la décima, encubriendo
debajo del basto, quiso
darnos papilla, con miedo
de que, echando los dos naipes
en la tabla, y manifiesto
el burro, no le pagase.

Gregorio

Ahora, amigos, chico pleito;
sirva por mí este doblón
de montante.

(Dásele.)

Estudiante I

¡Caballero!
¡De veinticinco quilates!
¡Por Cristo!

(A Montilla.)

Cochero II

Eche acá esos huesos,
que es muy honrado el Montila,
y, esta pendencia mojemos.

Montilla

Yo, por mí.

Estudiante I

Pues, yo, por mí.

(Danse las manos.)

Cochero II

Chata, saca vino y queso.

Estudiante II

¡Victor el dona pecúnias!
¡Víctor el accipe argentum!

Cochero I	¡Víctor también en romance! ¡Vive el coime!
Estudiante I	¿No bebemos?.

(Éntranse estudiantes y cocheros.)

Boceguillas	En estacadas viciosas no hay otras leyes del duelo más de que, herido sin culpa, ponga la sangre un pellejo.
Ana	Boceguillas, mal aliño en la dicha venta vemos para pedir gollerías. Luna hace.
Boceguillas	¿Y es barro el fresco?
Ana	Pues, alto de aquí. ¡A ensillar!
Gregorio	¿Vais a Madrid, caballero?
Ana	Voy; muy a vuestro servicio.
Gregorio	Si desde aquí a allá merezco aliviaros lo penoso de la soledad, lo mesmo quisiera excusar con vos.
Ana	Interesado lo acepto.
Gregorio	¿De dónde venís?

Ana	De Italia y Nápoles, por lo menos. ¿Y vos?
Gregorio	De Calatayud agora; aunque ha poco tiempo que milité en Lombardía.
Ana	¡Oh! Pues, siendo ansí, tendremos, para tres leguas que faltan, gustoso entretenimiento. Ea, no hay sino picar.
Gregorio	Sufríos un poco y cenemos.
Ana	En venta y con tanta bulla hallaréis mal aparejo.
Gregorio	Yo traigo lo que nos baste para tomar un refresco. ¡Montilla! Dentro ese bosque, que más parece bosquejo, cenaremos sin ruido. Busca el sitio más a cuento y más libre de embarazos, y en él la cena prevennos.
Montilla	A registrar las bizaras voy como un lebrel.
Gregorio	Traemos con cuatro frascos de vidrio, agua, vino y nieve en ellos, un corcho de Zaragoza

que, empegado por de dentro
y de baqueta el ropaje,
juzgo que no echaréis menos
cantimploras cortesanas.

Ana   Son prevenciones de cuerdo.

Gregorio   Acompáñale un jamón
de Molina, y os prometo
que a Rute y las Algarrobillas
se las apuesta.

Ana   Os lo creo.

Gregorio   Cocióse éste en vino blanco,
clavos, canela, romero;
y está tierno como un agua.

Ana   Me aplico mucho a lo tierno.

Gregorio   Vitela o ternera en pan,
del mismo modo un conejo
y una caja para postre.

Ana   Lo dulce es lindo. Laus Deo.

Gregorio   Anda, pues, y date prisa.

Ana   Ayúdale tú.

Boceguillas   Para eso
hallárame todo rumbo
haldas en cinta.

Ana	Acabemos.

(Vanse Boceguillas y Montilla.)

Gregorio	¿Es vuestro nombre?
Ana	Don Gómez Dávalos.
Gregorio	La que en el pecho noblemente os califica abona blasones vuestros.
Ana	Nací en Nápoles. Mis padres de Ruy López descendieron, el que en Castilla a validos dejó lástimas y ejemplos. Pero ¿cómo os llamáis vos?
Gregorio	Don Gregorio de Toledo y Leiva.
Ana	¿Cómo dijistes?
Gregorio	Toledo y Leiva soy.
Ana (Aparte.)	(¡Cielos! ¿Qué es lo que oigo?)
(A él.)	Originario sois de España; pero deudos en Nápoles, generosos, conozco yo que, herederos de aquel don Antonio, pasmo de Francia, por quien vio preso

el alcázar de Madrid
al Valois de más esfuerzo,
se juzgan ya italianos.

Gregorio   Uno, don Gómez, soy de ésos;
más que noble, venturoso,
si serviros a vos puedo.

Ana   Bésoos las manos; querría,
en fe de lo que ya os debo,
que algún buen hado me trujo
a este sitio a conoceros,
saber de vos cierta cosa.

Gregorio   Llave tenéis de mi pecho,
basta ser Ávalos vos.

Ana   La mano otra vez os beso.

Gregorio   Es para mí ese apellido
fatal.

Ana   Y viene con eso
lo que yo he de preguntaros.

Gregorio   Decid, pues, que estoy suspenso.

Ana   Para más claras noticas,
don Gregorio, lo primero
que supongo es que en Milán
servicios de vuestro acero
os granjearon las plazas
más honradas, y, ascendiendo
por ellos, fuistes dos años

maese de campo de un tercio
de española infantería.
¿No es ansí?

Gregorio   Estáis en lo cierto.

Ana   Lo segundo que supongo
                     es que, mediando ambos deudos,
                     pretendistes desposaros
                     en Nápoles ese tiempo
                     sin haberla jamás visto,
                     con una dama, que os puedo
                     afirmar que en lo virtuoso
                     fue el prodigio de aquel reino.
                     Doña Ana Dávalos tuvo
                     por nombre, que ya recelo
                     que desaires no ajustados
                     a vuestros nobles empeños
                     la tienen sin nombre y vida.

Gregorio   Sentiríalo en extremo,
                     que es doña Ana el Sol de Italia;
                     pero mejor lo hará el cielo.

Ana   Ahora, pues, que confesastes
                     todos estos presupuestos,
                     decidme, ¿con qué motivo,
                     habiéndola, en nombre vuestro,
                     dado la mano de esposo,
                     ausente vos, un tercero,
                     rehusastes ejecuciones
                     en cosa de tanto peso,
                     desacreditando fácil
                     la fe vuestra y su respeto?

Pues si os admitió doña Ana,
no por amor, que, sin veros,
mal pudiera enamorarse,
sino obediente a consejos
de canas, por quien se rige,
todos cuantos se los dieron
a instancia vuestra, agraviados,
no juzgan vuestro desprecio
menos que con causa mucha.
Y el escándalo, que ciego
echa siempre a la peor parte
con cualquiera fundamento,
en desdoro de doña Ana,
osa eclipsar el espejo
más claro que vio la corte
napolitana.

Gregorio   Diréos,
ya que como consanguíneo
tan de parte suya os veo,
tres suficientes motivos
con que quedéis satisfecho,
y yo, con vos, disculpado.
Escuchad.

Ana   ¿Tres por lo menos
suficientes, Don Gregorio?
Decid, decid.

Gregorio   El primero,
y que es más considerable,
fue el saber los galanteos,
después que por otra mano
me vi en sus coyundas preso,

21

del marqués Pompeyo Ursino,
siendo relator él mesmo,
que vino a ver nuestro campo,
de favores que excedieron
permisiones cortesanas,
y aunque muchas veces celos
en quien ama perdidoso,
suelen alargar el freno
a la pasión destemplada,
y está indiciado Pompeyo,
como mozo, en esta parte
más que debiera, no es cuerdo
quien ignora que en los puntos
del honor siempre valieron,
si hay indicios opinables,
más los dichos que los hechos.

Ana   ¿Pompeyo favorecido
                jamás de doña Ana?

Gregorio   Aquesto
                me afirmó no una vez sola.
                Servíos, para que demos
                fin a cuentos tan pesados,
                no interrumpir los progresos
                que me mandáis que os resuma.

Ana   Proseguidlos, que, si puedo,
                me templaré lo que duren.

Gregorio   Yo, pues, no a su amor sujeto,
                como ni esa dama al mío,
                pues, como advertís, sin vernos
                fuera difícil amarnos,

y las sospechas tras esto,
de lo referido tuve
noticia de que, saliendo
de la esfera esa señora
que piden las de su sexo,
no bastidores, no agujas,
no estrados nobles y quietos,
no galas, común hechizo
en beldades de años tiernos,
su inclinación adulaban,
sino en el bridón travieso,
con la escopeta y el dardo,
persiguiendo al lobo, al ciervo,
al jabalí, al gamo, al oso,
discurrir bosques y cerros,
volar la garza, la grulla,
matar la perdiz al vuelo;
hojear en la quietud
de las tinieblas cuadernos
filósofos, comentarlas,
soltarles los argumentos
y, hecha academia su casa,
las noches de los inviernos,
en disputas semejantes
hurtar las horas al sueño.
Yo, que imaginaba entonces
ser marido de un sujeto
proporcionado a los nudos
del fecundo sacramento,
rehusé esposa que usurpase
las aciones a su dueño,
y con mujer para tanto
juzgué el tálamo molesto.
Salióme a esta coyuntura,

en la corte de estos reinos,
el lance más venturoso
que pude pedir al cielo,
porque doña Petronila
Leiva y Osorio, que a empeños
de amistad con un tío suyo
añade el del parentesco,
le hereda en un mayorazgo
cuantioso; y agora el viejo
castellano de Milán
la enriquece en su gobierno;
éste, que es íntimo mío,
ha sazonado deseos,
de que me acerque a su sangre
con vínculo más estrecho,
persuadiendo a su sobrina
lazos que alegren mi cuello
al tálamo, ya aceptado,
y, en fin, el último pliego
la posesión me asegura
con un retrato tan bello
que, cuando a costa del oro
mienta el pincel lisonjero,
no la opinión, no la fama,
que es, don Gómez, la que creo,
y me la pinta el milagro
de Madrid. Voy, en efeto,
a llamarme esposo suyo;
pues siendo vos tan discreto
tendréis estos tres motivos
por suficientes. Cenemos.

Ana   Tiene más dificultades
la cena, que ya no acepto,

de lo que habéis vos juzgado,
y en ella el plato primero
ha de ser reconveniros
en los desalumbramientos,
indignos de vuestra sangre,
con que avergonzaros pienso.
Intimaréoslos ahora,
estéis a no estéis atento,
y Dios sabe, en acabando,
quién cenará o no. Yo vengo
desde Malta en vuestra busca,
donde, aunque mozo, año y medio
cumplí con obligaciones
del hábito que profeso.
Doña Ana fue hermana mía.

Gregorio ¡Doña Ana! Eso no, que tengo
certidumbre que ella sola
nació en su casa.

Ana   Esto es cierto,
y falsa esa certidumbre;
el mucho amor que la debo,
porque heredase a mis padres,
me obligó a la cruz que al pecho
el yugo excluye amoroso.
Baste lo dicho en cuanto a esto,
y en lo demás escuchadme,
veréis cuán sin fundamento
estriban vuestros engaños
en los motivos propuestos.
Pompeyo Ursino, que supo
la fama que en menosprecio
de mi hermana publicastes,

y del debido respecto
que se debe a tal Ursino,
afirma con juramento,
no solo que no os ha hablado
en su vida acerca de esto,
más que nunca el competiros
le pasó por pensamiento;
porque, sin tener noticia
de mi hermana, otros empleos
a su amor proporcionados
le llevaron los afectos.
Sobre el caso os desafía
en una carta que dejo
en la maleta, y no sé
si habrá de dárosla tiempo;
veis aquí el primer motivo,
contra vos tan manifiesto,
que en lugar de acreditaros
os añade vituperios.
Como también el segundo,
porque en Italia no es nuevo.
Las mujeres de alta sangre
desmentir ocios molestos
en la caza y en los libros,
porque de pocas sabemos,
de las prendas de mi hermana,
que no alcancen, cuando menos,
a entender letras latinas
y ejercer por pasatiempo
ya el cañón, que imita al rayo;
ya el venablo y ya el acero.
No privó Dios a las tales
los ejercicios honestos
de las letras y las armas

si discurrir por ejemplos
solo, entre las maldiciones
que en el delito primero
echó a la primera madre,
fue el sujetarla al imperio
del varón, consorte suyo;
y sé yo que este precepto
nadie con vos le guardara
cual mi hermana, a ser su dueño.
Luego viene a reducirse
en el motivo tercero
todo cuanto caviloso
en los dos habéis propuesto.
Y este también, vedlo vos,
más parece fiscal vuestro
que agente en vuestras disculpas;
porque si, como os concedo,
el no haber visto a mi hermana
fue causa que los incendios
de su amor no os abrasasen,
ausente en Milán, ¿qué fuego
amoroso os dio sus alas
para que, volando a tiento
a ver vuestra Petronila,
os hechizase tan presto?
Diréis que el verla en retrato.
Diré yo lo que vos mesmo;
que son flojos incentivos
los pinceles y los lienzos.
El mayorazgo en la corte,
el interés avariento,
por más que aleguéis excusas,
hizo vuestro amor logrero.
Ya mi hermana, don Gregorio,

murió. Ya pide en el cielo
satisfacción de su agravio;
y yo, que en su nombre quedo
sucesor de sus injurias,
por ella y por mí pretendo
acreditar sus desdoros,
probándoos no lo haber hecho
según las obligaciones
que a toda mujer debieron
conservándoles la fama
los nobles y caballeros.
Desnudad la espada agora,
que en la justicia que alego,
(Sácala doña Ana.)   fío que iréis a cenar
al otro mundo. ¡Ea!

Gregorio   Templo,
rapaz, en fe de mis años,
vuestros mozos desaciertos
por los pocos, aún no abriles,
que precipitáis soberbio.
Andad con Dios a la corte
y en ella me poned pleito.
Iráos mejor con letrados
que aquí con armas y fieros.

Ana   ¡Don Gregorio! ¡Don Gregorio!
Si acostumbrado a desprecios
con bellezas de mi sangre
presumís hacer lo mesmo
con los Ávalos, varones,
engañáisos. ¡Vive el cielo,
sino sacais la cuchilla,
que os mate!

Gregorio	Escarmentaréos
(Sácala.)	con ella, como a un muchacho.

(Riñen. Sale Boceguillas. Éntranse los dos acuchillando y luego sale doña Ana envainando.)

Boceguillas   ¡Fuera dije! ¿Qué es aquesto?

Gregorio   ¡Jesús! ¡Muerto soy!

Boceguillas   Ahorróse
de Avicenas y Galenos.
¡Para tanto, y tan lampiño!

Ana   Su soberbia es quien le ha muerto.
Métele en esa espesura,
no den con él al encuentro,
y enfrena a prisa.

Boceguillas   ¡Bien dicho!
Que la bulla de allá dentro,
entre la taza y los naipes,
guarda a esta hazaña el silencio.
Acógete tú entretanto.

Ana   Junto a la puente te espero.

(Vase doña Ana.)

Boceguillas   Desmentiremos caminos
echando hacia Paracuellos.

(Vase. Salen doña Petronila y don Francisco.)

Petronila
      Diéraos los brazos yo agora,
en albricias de la vida
que juzgaba en vos perdida,
a ser de ellos tan señora
como otras veces.

Francisco
                        Pues ¿quién
los brazos os enajena?

Petronila
      Quien, porque puede, me ordena
que a nuevo dueño se den.
      Toda la corte ha creído
que en Tarragona os mataron.

Francisco
      Si envidiosos desearon
que lo hiciese vuestro olvido,
      gracias, mi señora, a Dios,
vivo vuelvo, a que podáis,
con las nuevas que me dais,
matarme de celos vos.
      Si del modo que os oí
más de una vez, me hospedara
vuestro pecho, conservara
las finezas que os creí,
      y el alma, que no se inclina,
si bien quiere, a falsedades,
pronosticara verdades
por la parte de divina
      que tiene. Echárame menos
y, adelantándoos enojos,
no os consintiera los ojos
tan alegres y serenos.
      Vos, sí, me matáis de veras,

no asaltos, tiros ni balas.

Petronila

De las nuevas, cuando malas,
siempre se creen las primeras;
   las que tuvimos de vos fueron
de que os habían muerto;
quiseos bien, sabéis que es cierto;
pero no estando los dos
   desposados, si exteriores
demonsiraciones hiciera,
motivo a malicias diera
de atentos censuradores.
   Venís vivo. ¡Dios os guarde!
Falsas nuevas desmentís;
pero, aunque vivo venís,
para amarme venís tarde.
   Hame casado en Milán
mi tío; acepté el contrato;
sustituyóme un retrato;
es noble, es rico, es galán.
   Júzgole ya tan cercano,
que, si en la corte no está,
brevemente llegará
a ejecutarme en la mano.
   Ved, pues, si es lance forzoso
cumplir esta obligación,
vos muerto en la estimación,
y él de próximo mi esposo.

Francisco

   Gustosa habéis enviudado
en la voluntad primera,
pues el medio año siquiera
el luto no habéis guardado.
   Muchos años os gozad,

ya que en vos mi amor expira,
que quien me mató en mentira
hará que salga verdad.
    Porque, volviéndome loco
los desengaños que escucho,
no harán en matarme mucho
si en fingirlo hicieron poco.

(Hace que se va.)

Petronila

    Oíd, don Francisco, oíd.
Esperad, que la templanza
logra tal vez su esperanza.
Dejad que llegue a Madrid
    el tal vuestro opositor,
y ambos a dos litigad,
que siempre es la voluntad
tibia sin competidor.
    Alegue él en su derecho
la acción que le da mi tío;
que libre está mi albedrío
confesándoos que, en mi pecho,
    antes que a él os dio lugar;
quíseos bien, y al forastero
ni le aborrezco ni quiero,
porque sin ver no hay amar.
    Luego hasta aquí preferido,
estáis en la antelación
de mi primera afición,
y retiraros vencido,
    cuando con ventajas tantas
podéis litigar, sería
desairosa cobardía.

Francisco	¡Ay, Petronila, que encantas y enamoras con rigores! ¿Quién de ti pudo creer que en mi ofensa había de hacer pleito tu amor de acreedores?

(Sale Melchora.)

Melchora	Esta carta con su porte me dio un mozo para ti.
(Dásela.)	¡Jesús! ¿Don Francisco aquí? ¿Vivo, sano y en la corte? ¡Válgame Dios, y qué susto me ha dado vuesa mesté.
Francisco	Vivo no, que mal podré vivir si mata un disgusto. Sano tampoco, Melchora, pues en la cama caí del desengaño; mas sí en la corte, que cada hora muda amantes como galas.
Melchora	Llorado le hemos las dos más de un mes. Líbrenos Dios de nuevas que son tan malas.
Petronila (Aparte.)	(¡Si fuese de don Gregorio la tal carta!)
Melchora	En buena fe que esta noche le soñé que estaba en el Purgatorio.

Francisco	No hay muerte como una ausencia pues que las vidas aparta.
Petronila	Lo que contiene esta carta veré con vuestra licencia.
(Ábrela.)	
Francisco	Será del dueño felice que ya tan cerca esperáis. ¡Adiós!
Petronila	No quiero que os vais; escuchadla, que así dice:
(Lee.)	«Don Gregorio, mi señor, que iba a serviros y a veros, en la venta de Viveros, según nos dice el doctor, dará fin triste a su amor; porque de una leve herida está al Laus Deo de la vida y ya el aliento le falta. Diósela un capón de Malta que sobra para homicida.
(Asústase.)	Tómanle la sangre aquí y el dinero. Llevaráse a Rejas y cuidaráse de su cuerpo y alma allí. Corre la cuenta por mí de dárosla. Un pasajero es de aquésta el mensajero, por cuya prisa concluyo, Montilla, lacayo suyo,

y de hoy más vuestro escudero.»

¡Válgame Dios, qué desgrácia!

| Francisco | No la tengo por tal yo. |

| Melchora | Ni el que la carta escribió,
que, a fe que estaba de gracia. |

| Petronila | ¿Qué haremos, Melchora, en esto? |

| Melchora | Sea mentira o sea verdad,
el caso es de calidad,
que en virtud de él te amonesto
vayas a Rejas al punto. |

| Petronila | ¿Y si éste algún cómo fuese? |

| Melchora | Dado que así sucediese,
o le hallásemos difunto,
lucirá más la fineza
de quien dueño le aguardaba. |

| Petronila | ¡Que este susto me esperaba! |

| Melchora | Cuando por ellos empieza
amor y se muestra arisco
dicen que después se deja
ensillar. |

| Petronila | ¿Qué me aconseja
en tal caso don Francisco? |

| Francisco | Mi amor, que no vais allá; |

y que sí, mi cortesía.

Petronila   La vuestra, desde este día,
en mi estimación tendrá
el abono que merece.
¡Qué cuerdo y qué generoso!

Francisco   Será el ir con vos forzoso,
por lo que un camino ofrece.

Petronila   Tan obligada lo acepto
como habéis de hallar después.

(Sale doña Ana, de hombre, alborotada.)

Ana   ¡Señores! Si es interés
de nobles, que en un aprieto
fortuito y peligroso
se socorra a un desgraciado,
a un hombre la muerte he dado
contra mi honor alevoso;
viene tras mí la justicia
y en sus manos casi estoy;
amparadme, pues os doy
de mis desgracias noticia.

Petronila   Entraos en ese aposento.
(Éntrase.)   ¿Otra desdicha, Melchora?

Melchora   Vienen a pares cada hora.

Petronila   Ciérrale en él al momento.

Francisco   Alabo vuestra piedad.

Petronila	¡Qué mozo es el delincuente!
Francisco	Siempre el agravio es valiente y suple cualquiera edad.

(Salen un Alguacil y tres esbirros.)

Alguacil	Aquí entró. No hay escaparse.
Petronila	¿En mi casa la justicia? Señores, ¿qué es esto?
Alguacil	Casos que forzosamente obligan a no mirar en respectos. Vuesas mercedes me digan dónde un mozo se escondió, de un caballero homicida, que en la venta de Viveros será milagro que viva.
Petronila	¡Ay, cielos! ¿Quién es el muerto?
Alguacil	Si su desgracia os lastima, el herido es don Gregorio de Leyva Toledo y Silva.
Petronila	¡Desdichada de mi! Que ése que decís a ser venía mi esposo desde Milán.
Alguacil	Vengad, pues, vuestra desdicha manifestándome al reo.

(A don Francisco y a Melchora quedo.)

Petronila

¡Pluguiera á Dios! Nadie diga
que sabe de él.

Alguacil

¿Dónde está?

Petronila

No ha entrado aquí; que la vida
diera yo por la venganza
de tal insulto.

Alguacil

La vista
no es posible que se engañe.
Por aquestas puertas mismas
entró, huyendo de nosotros.

Melchora

Debió de subirse arriba
o esconderse tras la puerta.

Petronila

Los cuartos altos habita
un conde. Búsquenle en ellos;
que yo prometo en albricias
de su prisión un diamante.

Alguacil

Será, pues, cosa precisa
registrar toda esta casa,
ya que, por ser compasiva,
sois cruel con vuestro esposo.

Petronila

Perdónoos esa malicia;
mas mirad que a la en que estáis
se le guardan cortesías

Alguacil	No es agora tiempo de ellas. Suban al cuarto de arriba y examinen sus rincones.

(Vanse los dos esbirros.)

Entre conmigo Valdivia.
Abras esta puerta.

Melchora (Aparte.)	(¡Ay cielos! El pobrecito peligra.)

(Abren la puerta por donde entró doña Ana, y éntranse el Alguacil, Melchora y el esbirro.)

Francisco	No hará tal viviendo yo; que quien los estorbos quita a mi amor, e impide celos, mi amistad y espada obliga.

Petronila	Don Francisco, ¿estáis en vos? ¡Tenéos!

Francisco	Doña Petronila, o he de morir o librarle.

(Salen Melchora y doña Ana de mujer con un serenero en la cabeza.)

Melchora	Siempre el mal se multiplica.

Ana	¡Hasta mi cama dos hombres! ¿Esto ha de sufrirse, prima? ¿Y en casa vuestra? ¿Qué es esto?

Melchora (Aparte.)   (¡Disfraces por tropelía!)

(Anda el Alguacil entrando y saliendo como que busca al reo.)

Ana
                    ¿Tenéis tan poca confianza
                    de lo que mi honor estima
                    su crédito, que las noches
                    que al reposo me retiran
                    me echáis la llave vos propia,
                    y hasta las once del día
                    no consentís que me vea
                    el Sol, con no ser su ninfa;
                    y cuando a dormir la siesta
                    me encierro, medio vestida,
                    dais en mi aposento entrada
                    a dos hombres?

Francisco
                                    La justicia
                    tiene licencia, señora,
                    para tales demasías.
                    No os asustéis, que no es nada.
(A doña Petronila.) Suplícote que prosigas
                    con esta ficción sabrosa;
                    pues es la persona digna
                    que la inventó, por su ingenio
                    de todo amparo y estima.

Ana
                    ¡Justicia en casa, señores!
                    ¡Válgame Dios, qué desdicha!
                    Pues ¿qué ha sucedido en ella?

(Está presente el Alguacil.)

Petronila
                    ¡Qué cansada melindrizas!

Ya te han dicho que no es nada.
Éntrate allá.

(Salen los dos esbirros.)

Esbirro I   No hay quien diga
cosa en casa de provecho.
No he perdonado oficina,
pieza, jardín, cofre, pozo,
hasta la caballeriza,
hasta debajo las camas;
pues —¡por Dios!— que no alucinan
mis ojos, y que te vieron
entrar por aquí.

Esbirro II   Allá arriba
todos se hacen ignorantes;
si bien una berberisca,
esclava en el apariencia,
no sé que pasos afirma
que sintió en los corredores,
como de quien huye a prisa,
pero piensa que jugaban
algunos de la familia.

Esbirro I   Saltaría a esotra casa.

Esbirro II   Es sin duda.

Petronila   No te diga
tercera vez que allá te entres.
Acabemos ya.

Ana   ¡Qué esquiva!

Ya recelarás que el conde,
a título de visita,
me ha de robar con los ojos;
pues sosiéguese tu envidia
y acaba ya de casarte
con él, sin que me persigas.
Pues todo se cae en casa
y en esotro cuarto habita.
Ven tú a tocarme, Melchora.

(Vase doña Ana.)

Melchora (Aparte.)   (Sazonado hermafrodita,
                  ¿quién te reveló mi nombre?)

(Vase Melchora.)

Alguacil   Hecho habemos exquisitas
diligencias, aunque en vano.
Perdonad, señora mía;
que en ministerios como éste
no cumple quien no averigua.

(Vanse el Alguacil y los esbirros.)

Petronila   ¿Oístes vos en novela,
por sazonada aplaudida,
suceso a éste semejante?

Francisco   La necesidad afila
los aceros al ingenio,
y el riesgo le sutiliza
desenvoltura agradable.

Petronila

Cuando debiera, ofendida,
aborrecerle, me alegro
viendo que por mí se ibra.

Francisco

Yo, a lo menos, seré ingrato
si, con la hacienda y la vida,
desde hoy más no le agradezco
medras de su bizarría.
Llamémosle; mas él sale.

(Sale doña Ana, de mujer, y Melchora.)

Ana

Si plumas no os eternizan,
si no os celebran, señora,
por la fénix de Castilla,
no hay conocimiento en ella,
ni en mí, desde aqueste día,
sangre que noble me llame,
fe que, como esclava, os sirva
si, ingrato a tantas mercedes,
toda el alma no os dedica,
la voluntad, la memoria,
el aliento que respira,
los pensamientos que engendra
y las potencias que anima.

Petronila

No os quiero empeñado tanto,
que a mí propia me debía
el socorro que aquí hallastes
y me le pago a mí misma,
si bien tiene circunstancias.

Ana

Melchora me dio noticia
de ellas, y sé que de Italia

caminaba el que venía
a intitularos su prenda;
mas, si no desacreditan
la verdad enemistades,
creed que no os merecía
y que, en Nápoles casado,
debéis estar a la herida
que le dieron mis ofensas
de algún modo agradecida.
Sabréis el por qué a su tiempo.

Francisco   ¿Qué mejor que éste? Decidla
mucho de eso, ilustre joven.
Proseguid siguiera en cifra,
desempeñaréis deseos
que no ha mucho se ofrecían
por vos a cualquiera lance.

Ana   Tendré el serviros a dicha.

Petronila   Quédese eso por agora;
que estimo en más vuestra vida
que esa relación; no obstante
lo que me importa el oírla.
Mirad que aquí corréis riesgo.

Ana   Siendo vos la imagen mía
del socorro, no osará
ofenderla la justicia.

Petronila   ¡Qué bien el traje os asienta!
Si yo ignorara el enigma,
¡qué de celos fulminara
de vos!

Ana

        Basta, que fulminan
rayos, señora, esos ojos
que agradezco, mientras miran
a este caballero afables.

Francisco

Si los vuestros patrocinan
ansí mi desvalimiento,
mi esperanza resucita.

Petronila

¿Quién os dijo a vos que un conde
sobre estas piezas habita,
y el nombre de esa criada?

Ana

¿Quién, mi señora? Vos misma
al alguacil, deslumbrando
violencias de su pesquisa,
y mandando que Melchora,
hasta en aquesto advertida,
con llave me asegurase.

Petronila

Decís bien; pero me admira
que os vistiesedes tan presto,
y que cuando lo examina
todo el interés, pues siempre
dicen que es lince en la vista,
no reparase en la ropa
que os quitastes.

Ana

        Mal podía,
si me la puse debajo;
cerróme el temor y prisa
en esa cuadra, hallé en ella
ropa, jubón y basquiña;

45

                    esta curiosa toalla
                    las almohadas cubría,
                    que haciéndola serenero,
                    los ministerios duplica;
                    sirvió la capa de enaguas;
                    acomodé luego encima
                    lo femenil, y al sombrero
                    un clavo tras las cortinas
                    de la cama; espada y daga
                    también escrúpulos quitan,
                    durmiendo entre los colchones;
                    revuelvo sábanas limpias
                    entre la colcha y frazadas
                    de manera que atestiguan
                    que me levantaba entonces;
                    entra la turba ministra,
                    asústome a lo doncello
                    salgo, si descolorida
                    o no del tal sobresalto
                    los que lo vieron lo digan,
                    y quedo libre y sin costas
                    por vos, señora divina,
                    y por este caballero.
                    Ya la noche nos avisa
                    que restituya disfraces;
                    sácame, Melchora amiga,
(Va por ello.)   sombrero, daga y espada,
                    que apenas dará la risa

(Desnuda el traje de mujer.)

                    del alba mañana al campo
                    los gajes que le matizan,
(Desnudándose.)   cuando volveré gozoso

a haceros una visita.

(Queda en cuerpo, la capa como faldellín que se pone en su lugar; y tiene la cruz de San Juan en ella.)

Petronila   Cumplidlo ansí, que hasta entonces
                   tengo de juzgar prolija
                   la noche.

Francisco   ¡Qué airoso mozo!

Petronila   ¡Qué agradable bizarría!

Melchora   Todo lo escondido traigo.

(Melchora con lo que pidió, y póneselo doña Ana.)

Ana   Venga. Favorable prima,
                   adiós. Caballero, adiós.

Petronila   ¿Volveréis?

Ana   Por una vida
                   entre los dos empeñada.

(Vase doña Ana.)

Francisco   ¿Y qué ha de haber de partida
                   a Rejas?

Petronila   Dormir sobre ello,
                   que agora estoy indecisa.

                   Fin de la primera jornada

Jornada segunda

(Sale doña Ana, de estudiante bizarro, y doña Petronila.)

Ana
Todo cuanto he referido
es infalible verdad.

Petronila
¿Hombre de tal falsedad
pretende ser mi marido?
No lo permitan los cielos.

Ana
Ansí engaña la presencia
de una agradable apariencia.

Petronila
Y vos, que excusáis recelos
de que os prenda la justicia,
vengador de vuestra hermana,
cubriendo con la sotana
la cruz de vuestra milicia,
¿por qué el nombre no mudáis
de la suerte que el vestido?

Ana
Basta mudar de apellido.

Petronila
Pues ¿de qué suerte os llamáis?

Ana
Don Gómez Portocarrero.

Petronila
¿Y si el don Gómez hiciese
que alguno aquí os conociese?

Ana
Nunca del nombre primero,
que de pila el vulgo llama,
se suele hacer mucha cuenta;

no pudo verme en la venta
quien para su esposa os ama;
   pues de noche y fuera de ella,
como la Luna que hacía,
por entre nubes nos vía,
ya era Luna, ya era estrella;
   y ansí entre claro y oscuro
lo que advirtió en mi semblante
con el hábito estudiante,
mi señora, lo aseguró;
   estimo vuestros temores
—¡ojalá fueran desvelos!—
pero tratemos de celos,
que son sal de los amores.
   Diez días ha que mi enemigo
en Madrid, convaleciente,
por veros a vos presente,
ved lo poco a que os obligo,
   juzgándole por difunto,
sin peligro y en pie está;
porque, a vos, ¿quién os verá
que no resucite al punto?
   Visitáisle cada día,
regaláisle de hora en hora;
tantas finezas, señora,
y todas a costa mía,
   ¿cómo pueden ser en vano
si, mientras a verle vais,
y a un enfermo salud dais,
le quitáis la vida a un sano?

Petronila   Don Gómez, las cortesías
precisas no son amores.

Ana

Vos mal lograréis las flores
de mis ya abreviados días.

Petronila

Vino a casarse conmigo
no menos que de Milán;
es mi deudo, ¿qué dirán
si de mi sangre desdigo?
  ¡Ay, don Gómez! Nunca Dios
esta casa os enseñara;
o, ya que en ella os librara,
nunca yo pusiera en vos
  los ojos que lastimarse
supieron, para encenderse,
pues les dio el compadecerse
motivos de desvelarse;
  de mi piedad os valistes,
nunca el cielo permitiera
que yo tan piadosa fuera,
pues cuando dama os fingistes,
  tan hermosa os llegué a ver,
mudado el hábito y nombre,
que diera yo por ser hombre,
para haceros mi mujer,
  lo mismo que después diera
cuando el traje os desnudastes
de mujer y os restaurastes
a vuestra forma primera.
  Pero esto para después.
Vino a esta corte el herido
por vos. Si con él he sido,
visitándole, cortés,
  y regalándole, noble
también os puedo afirmar
que si llegara a ignorar

lo civil del trato doble,
  que con vuesrra muerta hermana
usó, y vos me referís
el amor que me atribuís
y la sangre que cercana
  tengo suya, concluyera
conmigo dificultades
y, enlazando voluntades,
al tálamo nos uniera;
  porque no me negaréis
lo que en él es tan notorio,
y que tiene don Gregorio,
aunque mal con él estéis,
  excelentes perfecciones.

(A lo triste.)

Ana

La mayor es celebrarlas
vuestro abono.

Petronila

  El alabarlas
se quede en ponderaciones;
  no por esto os demudéis,
que ya él acabó conmigo;
esto supuesto, prosigo
para que me aconsejéis.
  Volvistes a verme el día
siguiente de aquel fracaso
que os abrió en mi casa el paso,
y añadióos la hipocresía
  del científico disfraz
del trajedizo estudiante
tanto hechizo en lo galante,
tanta guerra entre la paz

con que ese hábito asegura,
que ignorando el mal que encierra
tocó en mis ojos a guerra,
en que abrasarme procura;
  que hace la superstición
de estos siglos ignorantes,
en las viudas y estudiantes
gala la recolección.
  Si en mujer, pues, transformada,
mis varoniles deseos
me hicieron en sus recreos
celosa y enamorada,
  si después que os desnudastes,
ya Adonis, Venus primero,
¡cuánto, galán lisonjero,
mis potencias despeñastes!
  Y si, estudiante después,
sois tres veces mi homicida,
tres veces por vos perdida,
y mi alma obligada a tres:
  a don Francisco, que alega
mi primera voluntad;
al que vuestra enemistad
hirió, y a casarse llega,
  y con más afecto a vos,
pues en tan arduo interés
valéis vos solo por tres,
y ellos no más que por dos.
  ¿Cómo saldré de este abismo,
si no es que en vuestro consejo
libradas mis dudas dejo
juez y parte de vos mismo?

Ana   Esta mano he de besaros

(Bésala.)

antes que esa plaza admita,
y aunque mi bien solicita,
primero he de preguntaros,
  ¿Qué imposibles pena os dan
cuando mi esposa os espero?

Petronila

Dos terribles considero:
una la Cruz de San Juan
  en el pecho, que deshace,
casta toda y toda nieve,
el yugo amoroso y leve
que nuestras almas enlace.

Ana

  Ése está tan en mi mano
como veréis algún día;
el segundo, prenda mía,
os falta decir.

Petronila

        Que en vano
  piensa encubrir vuestra edad
naturales desengaños
que han de pregonar los años
en vuestra cara.

Ana

        Aclarad
más ese enigma.

Petronila

        Sí, haré;
pero excusad los colores
de la mía entre temores
que os han de enojar.

Ana

        ¿Por qué?

Petronila	¿Qué sé yo? Sabéislo vos, y dudo manifestarlos. Si vos queréis declararlos solos estamos los dos; que no por ese defeto menos os he de querer.
Ana	¿Imagináisme mujer?
Petronila	Peor.
Ana	¿Qué bajo conceto habéis formado de mí?
Petronila	¿De vos yo? De dos renglones culpad manifestaciones trabajosas.
Ana	¿Cómo así?
Petronila	Esperaos, y mostraréos dos líneas solas; y en ellas la causa de mis querellas y estorbo de mis deseos.

(Saca un papel; rómpele y enséñale dos solos renglones.)

Hacen mención de la herida
pasada. Ved vuestra falta.

(Lee.)

Ana	«Diósela un capón de Malta, que sobra para homicida.»

En mi sobresalto poco
conoceréis qué verdad
tenga aquesta falsedad.
Sazonado anduvo el loco
   que intentó, necio y cobarde,
valerse de estos engaños.
Yo tengo diez y nueve años,
los Ávalos barban tarde.
   Veréis cuán presto desmiento
malicias del delator;
volvamos a vuestro amor;
diréos en él lo que siento,
   pues pedís que os aconseje.
Don Gregorio no ha de ser
quien os llegue a poseer.
Éste, señora, se deje,
   que vos no habéis de casaros
con quien me ha ofendido a mí.
Con don Francisco, eso sí;
que supo, firme, obligaros;
   que supo, ausente, quereros;
olvidándole, serviros;
ofendiéndole, sufriros,
y constante, mereceros.
   Es mi amigo; el otro no,
y ansí, por mí, habéis de amarle,
y al otro ni aun escucharle.
Basta gustar de esto yo.
   Y pues juez me señaláis
de esta causa, y prometéis
que de mí no apelaréis,
fallamos que así lo hagáis.

Petronila   ¿Cómo don Gómez, pues vos

que, como juez, definís,
siendo parte os excluís
sentenciando por los dos?
  ¡Qué tibio amor! ¡Qué severo!
¡Qué presto quién sois dijistesl!

Ana   Asesor vuestro me hicistes,
la justicia es lo primero.

Petronila   ¿Es ésa la voluntad,
tantas veces ponderada,
que me tenéis?

Ana   Comparada
con la razón y amistad,
  cuando a la justicia toca,
ésta se ha de anteponer,

Petronila   ¡Qué poca debe de ser!

Ana   Esperad. Veréis si es poca.
  Boceguillas entra acá.

(Salen Boceguillas y Melchora.)

Boceguillas   Señor me llama, Melchora.

Melchora   También llamará señora:
salgamos los dos allá.

Boceguillas   ¿Qué manda el dómine mío?

Melchora   Acá vengo yo también.

Ana

Di tú, que lo sabes bien,
pues siempre de ti me fío,
  qué finezas, qué desvelos
me hace esta ingrata pasar.
Dilo.

Boceguillas

  Eso es nunca acabar:
ansias, llantos, quejas, celos;
  si fueran maravedises,
llenáramos de vellón
desde Madrid al Japón,
los bajos y altos países.
  Ayudaba el otro día
a misa, que lo hace bien,
y por responder «Amén»,
dijo: «Petronila mía».
  Las noches tan desveladas
de claro en claro pasamos,
que, aunque por dormir, tomamos
almidones y almendradas,
  una de éstas, entre sueños,
se levantó y dio tras mí,
diciendo: «¡Ah, traidor!, aquí
te tengo; de los empeños
  de mi honor será notorio
el desquite». Desperté,
y díjele: «¿A mí? ¿Por qué,
no siendo yo don Gregorio?».
  «Sí eres», dijo, «que causar
a mi hermana te atreviste
la muerte, y pues la ofendiste,
no te has de petronilar.»
  «Mira que soy», le respondo,
«don Francisco.» «Ése es mi amigo»,

replica, «mas no me obligo
con celos a nadie.» Escondo
    la cabeza tras un poste;
mas tiró tal cuchillada,
como quien no dice nada,
que me obligó a decir: «¡Oste!».
    Pero olvidóseme el «puto».
Súbome, huyendo, al desván
y él dijo: «A los de San Juan,
ni Bajá ni Marabuto
    se les escapa». Me aturdo
de miedo. Estaba allí un gato,
si de Roma por lo chato,
del infierno por lo zurdo;
    que una jácara maullaba
a una gata pelivisca.
Preciábase ésta de arisca,
y el miz que la requebraba,
    encrespándose se atufa
creyéndonos pretendientes
y, mostrándonos los dientes,
gruñe el uno, el otro fufa,
    y cada cual desenvaina
dos cajas de a diez cuchillos;
sirvióme a mí de zarcillos
la gaticia, que era zaina,
    y colgóseme a una oreja,
que, pensándola orejón,
la sirvió de colación
a vueltas de una guedeja.
    El romo a la cara vuela
de mi amo, agraz de su boda,
y, pautándosela toda,
como muchacho de escuela,

dijo entonces, medio en sí:
«¡Oh, infame! ¿Tú me acuchillas?
¿Estamos en Boceguillas?»
«En él no, mas con él sí»,
dije, y ambos lloraduelos
repetíamos a ratos:
«Petronila, hasta los gatos
nos aruñan por tus celos.»
Salió el planeta membrillo,
y en la cura del tal cuento
se gastó un bote de ungüento
almartaga y amarillo.
Tanto te ama —¡vive Dios!—
que con Píramo se iguala.

Ana   ¡Anda, vete enhoramala!

Boceguillas   Y esto, aquí para los dos.

Petronila   En efeto. ¿En qué quedamos
vos y yo?

Ana   En que si esta vez
pronuncié, en virtud de juez,
contra mí mismo el fallamos,
ya, como don Gómez, solo
os pido, muerto por vos,
que a ninguno de los dos
améis; ni aun al mismo Apolo,
que hasta éste celos me da.

Petronila   La mano de amigos ¡ea!

(Dásela.)

| Ana | ¡Ojalá de esposo sea! |

| Petronila (Aparte.) | (¡Ay, Dios, qué tierno! ¡Ojalá!) |

(Salen don Francisco y velos de la mano, y con él Montilla.)

Francisco	Falta de padrinos tiene
	este feliz desposorio,
	pues...

Montilla	Mi señor don Gregorio
	a veros, señora, viene;
	siendo ésta la vez primera
	que los pies pone en la calle.

Francisco	Presto podréis despachalle
	si ser vuestro esposo espera,
	pues le ocupa la posada,
	tan discreta prevención.

Petronila	Cumplir esta obligación,
	cuanto precisa cansada,
	es fuerza. Esperad los dos,
	y con menos sentimiento,
	don Francisco, en un intento
	donde habéis tenido vos
	más parte que imagináis,
	pues es vuestro, protector
	quien juzgáis competidor.

Ana	Si presto no despacháis
	la visita juzgaré
	que la recebís con gusto.

Petronila	Menos tiempo de lo justo, don Gómez, la ocuparé.

(Vanse doña Petronila y Melchora.)

Ana	¡Qué poca satisfacción los celos, amigo, dan! Pues, por la cruz de San Juan, que los fundáis sin razón; porque en las manos ceñidas que maliciáis en los dos, fuistes la visagra vos a vuestro amor reducidas: quien bodas ausente ordena, para asegurar su amor, nombrando un procurador, se casa por mano ajena. Esto mismo a hacer me atrevo por cumplir con mi amistad: lograr vuestra voluntad y pagaros lo que os debo. Celos son desconfiados y de pasión tan avara, que nunca yo los osara pedir dineros prestados. Dama tengo yo en Madrid, que habéis de ver esta tarde, y hacer de mi dicha alarde. No me respondáis. Venid, que os he de dejar corrido por lo que habéis maliciado.
Francisco	Dar excusas no acusado

sospechoso siempre ha sido,
   y más con la calidad
de ese traje; que el engaño
se matricula cada año
en cualquiera facultad:
   embelecos y estudiantes
todo es uno.

Ana   En conclusión,
no hay regla sin excepción:
vos y yo somos amantes,
   mas en distintos sujetos;
lo que dure esta visita
vuestra amistad me permita
que os comunique secretos
   conque hagáis, después, de mí,
confianza más segura.

Francisco   Vamos; que amor es locura,
y celos su frenesí.

Ana   Verá otros nuevos secretos.
Don Gregorio, por cuidado,
todas las tardes al Prado
sale de los Recoletos;
   yo he de ir allá, y un engaño
me ha de lograr dos intentos:
proseguir mis pensamientos
y vengarme con lo extraño;
   su desvelo ha de aumentar
mi industria; que pues aquí
me tiene sin alma a mí,
también él ha de penar.

(Vanse don Francisco y doña Ana.)

Montilla   ¡Ah, caballero!

Boceguillas (Aparte.)   (Recelo
                      que me conoció el Montilla.)

Montilla   Caballero, no de silla,
                      sino de manta o en pelo,
                        una palabra.

Boceguillas   Abreviar
                      con ella, y hablar sin fieros.

Montilla   En la venta de Viveros,
                      ¿no le vi yo ministrar
                        al criminal por civil
                      desbarbado?

Boceguillas   Sí, vería,
                      puesto que no era de día,
                      a la luz de algún candil.

Montilla   Pues, cómplice en el delito,
                      ¿cómo se anda por aquí?

Boceguillas   Yo, Montilia, os asistí
                      en todo lo requisito
                        de la tal cena fiambre,
                      y cuando mi amo le hirió
                      al punto las afufó
                      dejándome con el hambre.
                        Pasó entonces por la Puente
                      un caballero estudiante;

seguíle, aunque de portante
volaba, y fue tan clemente
  que, informado del suceso,
plaza en su casa me ha dado;
habémonos combinado,
yo mequetrefe, él travieso;
  sírvole de gentilhombre,
porque lo soy, como ve,
y, aunque las manos mudé,
no han mudado ellos el nombre:
  don Gómez, como el primero,
el segundo; pero aquél
Ávalos y Pimentel,
y estotro Portocarrero.
  ¿Queda más por preguntar?

Montilla   Mucho más.

Boceguillas   Estoy deprisa.

Montilla   ¿Qué causa tiene él precisa
en esta casa?

Boceguillas   El estar
  con don Gómez, de esta dama
primo.

Montilla   ¿Quién los emprimó?

Boceguillas   Sus padres, o ¿qué sé yo?;
ansí lo afirma la fama.

Montilla   Luego ¿él también será primo
de la fámula Melchora?

Boceguillas	Si ella imita a su señora y yo al amo, que es mi arrimo, un mismo deudo tendremos; porque los sirvientes y amos por un estilo emprimamos con las hembras que queremos.
Montilla	Eso es lo que yo aguardaba. Saque la espada.
Boceguillas	No puedo.
Montilla	¿Cómo no? ¿Será de miedo?
(Desde dentro.)	
Ana	¡Ah, Boceguillas! Acaba.
Boceguillas	¿Velo? Por hoy se desarmen pendencias.
Montilla	¿Pues por qué hoy?
Boceguillas	Es miércoles; y yo soy devotísimo del Carmen, y en él carne... ¡ni aun la toco!
Montilla	¡Ah, cobarde! No te atreves.
Boceguillas	Hoy, no; mas mañana es jueves, y mañana...
Montilla	¿Qué?

Boceguillas   Tampoco.

(Vase. Salen doña Petronila y don Gregorio, por báculo la espada.)

Petronila   Convaleciente, señor,
                          importará recogeros
                          temprano.

Gregorio   Quien vive en veros,
                          no viéndoos se halla peor.

Petronila   Estímoos ese favor;
                          pero es muy a costa vuestra.

Gregorio   Si he de sacar por la muestra,
                          ....
                          ....
                          .... [-estra].
                              Juzgando por lo exterior,
                          hermosa señora mía,
                          en vos la mercaduría
                          no me enseña mucho amor
                          .... [-or]
                          ....
                          ....
                          ....
                          ....
                          ....
                              lo tibio con que me habláis.

(Sale Melchora.)

Petronila   No siempre está el corazón

con una disposición,
si afectos examináis.

Gregorio   Más con eso me enfermáis
que la peligrosa herida.

Petronila   Deseo yo vuestra vida
todo lo posible.

Gregorio   Creo
lo que decís; pero veo
lo contrario en mi venida.
  Juzgábame yo, en virtud
de tanto favor pasado,
más bien visto en vuestro agrado.

Petronila   Tratad de vuestra salud
y lógrese juventud
que tan bien en vos se emplea,
que, aunque por vos no se crea;
es mi mayor interés;
que ocasión habrá después
en que más gustosa os vea.

Gregorio   Daros fe será forzoso,
aunque a mí mismo me engañe.

Petronila   Temo que el sereno os dañe,
que en Madrid es peligroso.

Gregorio   Juzgárame yo dichoso
y acabara de estar bueno
si ese cielo, por quien peno,
se serenara al mirarme;

que a mí lo que ha de matarme
es faltarle lo sereno.
    Pero no os quiero cansar.
Guárdeos Dios felices años,
que, si curan desengaños,
poco tardaré en sanar.

Petronila   Quiéroos, señor, perdonar,
               a trueco que estéis mejor,
               en materias de rigor,
               aunque en ello os engañéis
               todo cuanto imaginéis.

Gregorio   Adiós.

(Vanse don Gregorio y Montilla.)

Petronila   Adiós, mi señor.
                    Melchora, ¿no quedó aquí
                    don Gómez con don Francisco?

Melchora   Llévanlo todo abarrisco
               los celosos.

Petronila   ¿Cómo ansí?

Melchora   Descompadrados los vi
               irse.

Petronila   El coche haz, pues, sacar.

Melchora   ¿Dónde los piensas hallar?

Petronila   ¿Qué sé yo? Amor nunca acierta

sino errando.

Melchora   Es cosa cierta.

Petronila   Pues, errando, he de acertar.

(Vanse. Sale doña Ana de mujer, con manto, y Boceguillas.)

Ana   ¿La capa, espada y sombrero?

Boceguillas   Todo viene donde has dicho.

Ana   Será el coche mi vestuario.

Boceguillas   Y el arquilla, entre el aliño
                     del cojín, que está a la popa,
                     hará las veces de Ovidio
                     en nuestro metamorfosis.

Ana   No hay amor sin artificio;
                     hoy admirarás mi ingenio.

Boceguillas   Bien; pero ¿no seré digno
                     de darte un almud de quejas?

Ana   ¿Tantas?

Boceguillas   Oye, te suplico.
                     En Milán serví soldado
                     dos años; mas, fugitivo,
                     deslumbrando Barracheles,
                     a Génova me deslizo;
                     halléte medio embarcado
                     para España, y, compasivo

de la falta de mi flete,
me admitiste en tu servicio.
Desde entonces hasta agora,
tu confidente y valido,
no he alcanzado ni un secreto
de tu pecho; no he sabido,
sino por mayor, que en Malta
profesaste desde niño
la Cruz; del turco espantajo,
coco común del morisco,
y que don Gómez te llamas
juntándole al apellido
del Ávalos generoso
el Pimentel más antiguo;
tomaste el Portocarrero
por solapar los peligros
que en la venta ocasionaste,
por ti don Gregorio herido.
Ha que te sirvo diez meses,
y en los diez que ha que te sirvo,
ni sé a qué veniste a España,
ni penetro tus designios,
ni si estás enamorado,
ni quién te feria suspiros.
Tal vez te hallo hablando
a solas; tal, generoso conmigo,
sin tener necesidad,
me vistes como un palmito;
tal me envías noramala,
y si entonces te replico,
o va tras mí el candelero,
o me ensordeces a gritos.
Ya Adonis, rindes beldades;
ya Venus, postras Narcisos;

ya soldado, todo hazañas;
ya escolar, todo aforismos.
Estoy en duda si acaso
lo atiplado en lo lampiño
te mutiló sin saberlo
los que junta el que es latino
a los pretéritos siempre.
Otras veces imagino
que en esto del masque genus
solo tienes el vestido.
¡Por amor de Dios, señor,
señora o término ambiguo,
que sepa yo con quién ando!
Conozca yo a quién ministro;
pues has hecho en mi lealtad
cuantas pruebas has querido,
sé cuenta de Santa Juana,
sácame el alma del limbo.

Ana   Para todos los criados
discretos el uso ha escrito
tres preceptos provechosos,
que son, si entre éstos te admito,
oír, y ver y callar;
que guardes éstos te pido;
porque, en dando en flos sanctorum,
medrarás poco conmigo.

Boceguillas   Echo a la boca unas trabas,
pongo a la lengua unos grillos,
sórbome todo deseo;
desde hoy moriré de ahíto.

Ana   Por lo ameno y por lo solo

hice elección de este sitio.

Boceguillas	¿Y por qué no por lo santo, si consagran este hospicio para ejemplo de la corte Recoletos Augustinos?
Ana	¿Y el coche?
Boceguillas	Allí nos espera, para el disfraz que me has dicho.

(Salen don Gregorio y Montilla.)

Gregorio	No quiero ir tan presto a casa. Desahogue este retiro enamoradas congojas, si es la soledad, su alivio. Gocen dichosos amantes el frecuentado bullicio de tanto coche que al Prado trasladaron los Elisios. Déjame, Montilla, a solas.
Montilla	Soy fámulo: no replico; mas mira que han de dañarte serenos.
Gregorio	No seas prolijo.
Montilla	A estos álamos me asiento; si el sueño dijere, «envido», diré, «topo», y tú, entretanto, bucoliza a lo de Anfriso.

(Apártase. Habla doña Ana a Boceguillas.)

Ana   Boceguillas, ven acá.
                            ¿No es este hombre?

Boceguillas   Será el mismo
                            que dices.

Ana   ¿Cuál?

Boceguillas   ¿Qué se yo?
                            Un hombre como Dios le hizo.

Ana   ¡Necio! ¿Éste no es don Gregorio?

Boceguillas   Yo agora no gregorizo,
                            que en crepúsculo la tarde
                            llora del Sol paraxismos
                            y tengo la vista corta.

Ana   Pues yo sí, que los delirios
                            de mis celos me hacen Argos.

Boceguillas   Según el aire y los visos,
                            él parece.

Ana   Pues, aparta.

Boceguillas   Aparto; vaya de tiro.

(Apártase éste, y doña Ana echa a la cara el manto.)

Ana   Retírate; no nos oigas.

| Boceguillas | Si hay segundos desafíos |
| | acójome a este convento. |

(Vase llegando ella a don Gregorio, tapada, y los lacayos, cada uno por su parte, se les acercan.)

Montilla (Aparte.)	(Hacia mi dueño enfermizo
	se apropincua una buscona,
	y yo a los dos me apropincuo
	por ver este perro muerto.)

Boceguillas (Aparte.)	(Mi humor es antojadizo,
	no he de sufrir que malpara;
	detrás de este olmo me arrimo.)

(Paseándose.)

Gregorio	Hoy ceños, ayer agrados.
	Algo contra mí la han dicho;
	pero, si son las mujeres
	pluma al viento, ¿qué me admiro?

(Tapada a él.)

Ana	Debemos de padecer,
	caballero pensativo,
	pues buscamos soledades,
	unos accidentes mismos,
	y en fe de que de algún modo
	se consuelan afligidos,
	juntando penas con penas,
	juzgo que os hago servicio
	en interrumpir silencios;

pues, si no de divertirlos,
gustaré de acompañarlos
mezclándolos con los míos.

Gregorio   Déboos, oculta piadosa,
los socorros compasivos
que no me atrevo a pagaros;
y os confieso agradecido
que, a ser menos riguroso
mi mal, sobraba el oíros
para arrancarle del alma;
pero son, os certifico;
mis penas tan... tan crueles
que las connaturalizo
como a la sangre las venas;
pues si no peno, no vivo.

Ana   ¡Qué poco conocimiento
debe tener el hechizo
que con desdenes os trata!

Gregorio   Por ser tanto he colegido
lo poco que yo merezca.

Ana   ¿Qué sería si, en castigo
de malas correspondencias,
os pagasen sus olvidos
ingratitudes de Italia?

(Admirado.)

Gregorio   ¿Qué decís?

Ana   Que os pronostico

venganzas de alguna ausente,
que vos, sin haberla visto,
elegistes por esposa,
y ella, sin veros, os quiso.
Deudor le sois de la fama,
cuyo delicado vidrio
se mancha con los engaños,
se quiebra con los indicios
de la opinión mentirosa,
sin reparar que, ofendido,
fija contra vos carteles
algún poderoso Ursino.
Deudor de la vida y todo
le sois, pues los descaminos
del amor interesable
que os previene precipicios
malograron su inocencia,
amortajada en suspiros.
Sepultada en sus congojas
y llorada de infinitos,
no os enmiendan las desgracias,
no os enfrenan los avisos;
pues recelad, don Gregorio,
al cielo, que el patrocinio
de doña Ana tiene a cargo
y es tal vez ejecutivo.

(Admirado.)

Gregorio   Enigmática agorera,
¿quién tantas cosas os dijo
de mí, si no consultastes
infernales vaticinios?
¿Murió doña Ana? Si es muerta,

y yo de cuanto he fingido
me confieso avergonzado,
¿qué puedo hacer?

Ana   Desdeciros
de ofensas que la habéis hecho
por palabra y por escrito.

Gregorio   No sufren eso las armas;
antes he de descubriros
y saber quién sois.

(Quiere destaparla y ella se aparta.)

Ana   Tenéos,
que quedaréis consumido
en las llamas que padezco.

Gregorio   ¿Qué llamas?

Ana   Tenéos os digo;
que ignoráis quién soy.

Gregorio   ¿Quién sois?

Ana   Espíritu, no precito,
pero sí preso por deudas
que no pagué en este siglo,
y entre incendios inmortales,
en el otro las desquito.
El alma soy de doña Ana.

Gregorio   ¿De doña Ana?

Montilla (Aparte.)   (¡Jesucristo!
                        ¿Almas aquí de medio ojo?)

(Espantados los tres.)

Boceguillas (Aparte.) (¡Santa Juana! ¡San Patricio!
                        ¿Lacayo yo de entresuelos?
                        Desde luego me despido.)

Montilla (Aparte.)   (¿Yo con amo espiritado?
                        Desde hoy hago finiquito.)

Ana   Impaciencias del desprecio,
                        nunca con vos merecido,
                        me llevaron, aunque en gracia,
                        con los afectos tan tibios,
                        que, para perfeccionarlos,
                        en llamas los fervorizo;
                        y, porque no dudéis de esto,
                        sabed que Pompeyo Ursino
                        en vuestra busca navega,
                        y que los franceses lirios,
                        por vuestro ejército rotos,
                        a Turín han puesto sitio;
                        que supo vuestros engaños
                        en Milán el noble tío
                        de la dama que os desdeña,
                        y que en este instante mismo
                        la está escribiendo una carta
                        y en ella cuerdos avisos
                        para que la mano os niegue;
                        si queréis más requisitos
                        de futuros contingentes
                        que abonen lo que os afirmo

y os abran los ciegos ojos,
yo os los ofrezco; pedidlos.

Gregorio   Los dichos bastan y sobran;
pero yo, que fui motivo,
bella alma, de vuestras penas,
¿cómo podré redimiros
de su incendio?

Ana   Con sufragios,
con misas, con sacrificios,
con satisfacer mi fama.

Gregorio   Eso postrero no admito,
aunque todo se atropelle,
si, como me habéis pedido,
en que me desdiga yo
ha de estribar vuestro alivio
perjudicando mi sangre.

Ana   Pues desgracias os intimo
que serán irremediables
en vuestro mayor castigo,
y andaré por vos en pena
si no hacéis lo que os he dicho.

(Vase. Todos hablan aparte.)

Gregorio   Esposa, mujer o engaño...

Boceguillas Acogióse al escondrijo
de Requiem.

Montilla   Fuése a Fidelium.

80

Boceguillas	Será un sepulcro su hospicio.
Montilla	No más amos.
Boceguillas	No más almas.
Gregorio	¿Qué es lo que me ha sucedido? ¿Burlaréme de ilusiones? ¿Creeré, cielos, lo que he visto?
(A Montilla.)	¡Montilla, alto, al coche!
Montilla	¡Tiemblo!
Boceguillas	Con ser Agosto, tirito.
Gregorio	¡Lo presente! ¡Lo distante! ¡Lo futuro! ¿Y no me inclino a daros fe, confusiones? ¿No soy cristiano?
Montilla	Y lo afirmo.
Gregorio	Divirtamos por el Prado los presagios a delirios que me están desvaneciendo.
Montilla	Mucho huelo, y no es tomillo.

(Vanse Montilla y don Gregorio. Sale doña Ana, de mujer, mas no cubierta.)

Ana	Boceguillas, ¿qué te has hecho?
Boceguillas	¡Jesús! No me boceguillo;

abrenuncio, alma cagona.
¿Qué me quieres? ¿No te sirvo?

Ana   ¡Ah, traidor! ¿Tú me escuchaste?

Boceguillas   Que te apartes te suplico;
                          que entre mi miedo y tus llamas
                          me van dando calofríos.

Ana   ¡Anda, borracho, que es todo
                          patarata cuanto has visto!
                          Don Gómez soy; ¿de qué tiemblas?
                          En cuerpo y en alma vivo.
                          Tócame, dame esa mano.

Boceguillas   Eso no. ¡Por Jesucristo!

Ana   Pues ¿qué temes?

Boceguillas   Que al instante
                          me la conviertas en cisco.

(Tómasela por la fuera.)

Ana   ¿Aseguraráste agora?

Boceguillas   ¡Ay, que me quemas! Quedito.

Ana   ¿Estás ya desengañado?

Boceguillas   Tanti quanti.

Ana   A don Francisco
                          ofrecí que se viniese

a estas horas y a este sitio,
vería en él a mi dama;
porque con este artificio
desmienta celos que tiene,
creyendo que le compito.

Boceguillas   Buena traza; mas ¿qué es de ella?

Ana   Yo soy dama de mí mismo.

Boceguillas   Puedes, porque ya sospecho

Ana   ¿Qué?

Boceguillas   Que eres hermafrodito;
mas hétele al ruin de Roma.

(Sale don Francisco. Doña Ana se cubre.)

Ana   Llámale acá:

Boceguillas   ¡Qué tardío
es vusted! Aquí aguardamos
mi señora y yo habrá un siglo.

Francisco   ¡Oh, señora! ¿Tal favor?

Ana   ¿Sois el señor don Francisco?
Boceguillas, di si es él.

Boceguillas   Como diez y tres son cinco.

Francisco   Débole tanto a don Gómez,
que, como entre los amigos

no hay venturas reservadas,
darme parte de ésta quiso
para que se la envidiase.

(Salen doña Petronila y Melchora, con mantos.)

Petronila   No hay, Melchora, descubrirlos;
                   plegue a Dios que no suceda
                   la desgracia que adivino.

Melchora   Mejor irás en el coche.

Petronila   No iré tal; que ansí registro,
                   sin nota, lo que no veo.

Ana   Quiéreos mi dueño infinito,
                   y yo, por el mismo caso
                   que sé que en esto le sirvo,
                   es fuerza que mucho os quiera.

Francisco   Dichoso yo si a serviros
                   ese favor acertase.

(Quedan los dos hablando entre sí.)

Petronila   Oye. ¿Aquél no es don Francisco?

Melchora   Y la hermana compañera.
                   Una de estas buscaruidos.

Petronila   ¿En el Prado y a tal hora
                   dama tapada?

Melchora   ¿Hay cilicios?

	Que ansi llamo yo a tos celos
	por lo áspero y pungitivo.

Petronila   ¿Celos? No; mas sentimientos,
algunos, aunque remisos;
que el desprecio las mujeres,
sin que amemos, le sentimos.
Retírate entre estas matas.

(Acechándolos. Doña Ana, don Francisco, y Boceguillas a un lado y doña Petronila y Melchora a la otra.)

Ana   Tiene don Gómez hechizos
que salen con cuanto quieren;
afírmame que es novicio
en la cruz blanca, y lo creo,
que es muy mozo; con que, fío
en su amor y noble sangre;
que brevemente ha de unirnos
el tálamo deseado,
viviendo en paz y en servicio
de Dios y vuestro.

Petronila   Melchora,
peor es esto. ¡Ay, celos míos!

Melchora   Quien escucha su mal oye.

Boceguillas (Aparte.) (¡Lo que ensarta el barbilimpio!)

Francisco   Aunque no merezco veros,
ni es bien me atreva a pediros
sin orden suya favores
de estima tanta, os afirmo

que de su elección discreta,
sútil ingenio y juicio,
no es posible deje ser
vuestro amor del suyo digno;
y que esposos os deseo.

Ana

No querrá tan bien nacido
sujeto dejar bastardo
a tan hermoso angelito,
pudiendo ligitimarle.

Francisco

¿Don Gómez tiene en vos hijo?

Ana

Tiene en uno un cielo todo,
su rostro, sus ojos mismos,
hasta un lunar, Dios le guarde,
que ha de ser Cristobalico
el Adonis de la corte,
la envidia de los Narcisos.

Melchora

Adobándose va el ojo.
¿No oyes esto?

Petronila (Aparte.)

(¡Ah, fementido
Faltas que en ti sospechaba,
¡qué caras las averiguo!)

Ana

Sígole desde Florencia,
puesta mi patria en olvido,
atropellando respetos,
si arrojados, bien nacidos;
concebí en Génova, y luego,
en Madrid, clima benigno,
sacaron a luz dolores

un serafín en un niño.

Francisco   ¿Y llamáisos vos, señora?

Ana   Doña Greida.

Boceguillas (Aparte.)   (Ya le aplico
                  para estameñas y manchas.
                  ¡Válgate el diablo por tiplo!)

Ana   Lo que me ordenó mi dueño,
                  como acostumbro, he cumplido.
                  Tiempo es de dar vuelta a casa.

Francisco   Iré sirviéndoos.

Ana   No admito
                  esa merced. Dios os guarde.

Francisco   Y a vos, siendo yo el padrino,
                  os canten epitalamios,
                  aplausos y regocijos.

(Doña Ana se aparte de él y dice a Boceguillas.)

Ana   Boceguillas, llega el coche
                  y saca de él el vestido
                  varonil; cortinas echa.

Boceguillas   ¡Jesús! De ti me santiguo.

(Vanse.)

Petronila   Melchora, ¿que esto A mis ojos

haya pasado y respiro?
¿Esto yo misma he escuchado?
¿Y estoy viva?

Melchora   ¿Qué hay perdido?
Dos nos ruegan en que escojas
don Gregorio y don Francisco;
te pretenden y idolatran
a pares como zarcillos.

Petronila   ¿Cuándo escogieron los celos?
Abrásome, desatino.

(Salen don Gregorio y Montilla.)

Gregorio   He de saber, ¡vive Dios!
si soñando quimerizo,
o son fantásticas sombras
las que hospeda este distrito.
¿Yo sin verla? ¿Yo cobarde?

Montilla   Porque me fuerzas te sigo
con más miedo que vergüenza.

Gregorio   ¿No es ésta?

(Temblando.)

Montilla   Sí, señor mío
con otra para el lacayo.
Sobre calaveras piso.

Gregorio   ¡Alma! ¡Fantasma! ¡Embeleco,
o lo que sois! Yo imagino

que burlas vuestras...

Petronila   ¿Qué es esto?
                               Hombre, ¿estáis en vos?

(Sale doña Ana, de caballero, con la cruz, y Boceguillas.)

Ana   Amigo,
                               ¿hallastes aquí a mi Greida?

Francisco   Y en ella todo el prodigio
                   de la discreción y gracia;
                   ¡qué de almíbar que os envidio!
                   De padre os doy parabienes.

(Estos don [doña Ana y don Francisco] a un lado.)

Gregorio   Yo tengo de descubriros.

Petronila   Yo notaros de grosero.

(Estos tres [don Gregorio, doña Petronila, y Melchora] aparte.)

Ana   ¿Y la cara?

Francisco   Nunca quiso,
                   mosteármela.

Ana   Era ya noche.

Petronila   Don Gregorio, si el juicio,
                   como la salud, no os falta,
                   advertid que habrá castigos
                   a desenvolturas vuestras.

(Porfiando descubrirlas.)

Melchora   Aquí de los comedidos.
(A voces.)   ¡Caballeros! ¡Ah, señores!

(Descúbrelas. Júntanse todos.)

Ana   ¿Qué es esto?

(A doña Ana.)

Gregorio   Ya yo adivino
                    la causa de estas quimeras:
                    puerta me abrió el laberinto.
                    Vos, don Gómez, más que diestro,
                    venturoso o atrevido,
                    que el acero en una venta
                    osastes medir conmigo,
                    del otro mundo buscáis
                    embelecos y artificios
                    que; mi amor desazonando,
                    os excusen de peligros;
                    pero no os valdrán agora.

(Saca la espada.)

Ana   Aquí soy lo que allá he sido.

(Desnuda la suya.)

Francisco   Doña Petronila, ¿vos aquí?

(A Melchora.)

90

Boceguillas	Y tú, ¿sales del Limbo?
Montilla	¿Quién te vistió de alma en pena, Melchora?
Boceguillas	De eso poquito; que yo solo me enmelchoro,
Montilla	Pues, mandilón, ¿tú conmigo?
Petronila	Mataos todos y vengadme los tres de vosotros mismos, que a todos os aborrezco; todos me babéis ofendido.
Francisco	Yo a vos, ¿en qué?
Petronila	En ser mudable.
Ana	¿Y yo?
Petronila (A don Gregorio.)	Vos, por fementido, como vos en ser grosero.

(A los lacayos [Boceguillas y Montilla].)

Melchora	Y los dos por gomecillos.
Gregorio	Don Gómez, seguid mis pasos.
Ana	A atajároslos os sigo.
Francisco	Yo tras vos.

Petronila   Y yo tras todos,
                   que adoro lo que persigo.

(Vanse doña Ana, doña Petronila, don Gregorio, y don Francisco.)

Montilla   ¿Y nosotros tres en raya?.

Boceguillas   Dígalo Melchora.

(Al uno y al otro.)

Melchora   Digo
                   que de él no se me da un clavo,
                   y de él no se me da un pito.

                   Fin de la segunda jornada

Jornada tercera

(Salen doña Ana de galán, con la cruz, y Boceguillas.)

Ana	Quedamos, en fin, amigos interveniendo terceros.
Boceguillas	Nunca manchan los aceros pendencias en que hay testigos; mas ¿tienes seguridad de amistad reconciliada?
Ana	La suya es la interesada; pues ya, sin dificultad de mi venganza y mis celos, ni la muerte he de pedirle de mi hermana, ni impedirle la que causa sus desvelos. Hase informado que estoy con doña Greida casado.
Boceguillas	¡De sí mismo enamorado! Ayer don Gómez, Greida hoy; que lo crea no es gran cosa; pero ¿esto en qué ha de parar?
Ana	En que no se ha de casar con la Petronila hermosa.
Boceguillas	¿Y la amistad?
Ana	¡Qué sé yo! No me apures tantas veces.

Boceguillas	Aqueso es volver las nueces al cántaro. ¿Por qué no?
Ana	Porque en el alma he sentido no lograrle mi cuñado; don Gregorio, en lo aliñado, lo bizarro, lo entendido, no admite comparación. ¡Oh, si doña Ana viviera y esposa suya se viera, qué proporcionada unión!
Boceguillas	No te entenderá un Pasquín; despachábale tu herida o a la posta, o a la brida, al infierno; sano, en fin, disfrázaste en alma en pena porque le mate tu espanto, ¿y agora le quieres tanto?
Ana	Cuanto más se me enajena, más sus diversiones siento.
Boceguillas	Construyate el Anticristo.
Ana	Mira, celos son un mixto de amor y aborrecimiento.
Boceguillas	¿Amor tú? ¿Por qué, siendo hombre? ¿Celos? ¿Por qué, no mujer?
Ana	Yo llegué tanto a querer la difunta, no te asombre, que aún está viva mi hermana

en mí y muerto en ella estoy.
Ten por sin duda que soy
más que don Gómez doña Ana;
  pues si amor nos encadena,
¿ya de qué te admirarás?

Boceguillas   Agora te juzgo más
que la otra vez alma en pena.

(Sale don Gregorio.)

Gregorio   Si tiene algo de fineza,
don Gómez, el visitaros
y por la mano ganaros
en esto, para firmeza
  de nuestra nueva amistad,
sírvaos de satisfacción
que tengo en el corazón,
en el alma y voluntad
  cuanto os afirman los labios.

Ana   No fuérades vos, señor,
tan noble, si ese favor,

(Aparte.)   (ya se olvidaron agravios)
  las ventajas no me hiciera
que de vos mi pecho fía;
y podrá ser que algún día,

(Aparte.)   (¡ojalá el presente fuera!)
  conozcáis lo que deseo
serviros.

Boceguillas (Aparte.)   (Ello dirá.)

Gregorio   Si a la experiencia se da

crédito, ya en vos lo veo.

Ana   Pues no lo digáis en vano,
porque me oso blasonar
que no os habéis de casar
si no fuere por mi mano.

Gregorio   Eso es doblarme venturas.

Ana   Cualquier difícil amante
necesita de un trinchante,
que amor todo es coyunturas,
   y si una vez las erráis
nunca acertaréis con ellas.

Gregorio   No imagino yo perdellas
si vos me las sazonáis,
   porque, ¿con qué no saldréis
si con la invención salistes
a que ayer me persuadistes?
Notable sois; no creeréis
   cuán, por sin duda, os juzgué
espíritu de doña Ana.

Ana   ¿Cómo es eso?

Gregorio   En sombra humana
su alma misma imaginé
   que a darme quejas venía.

Ana   No os entiendo.

Gregorio   ¿Cómo no?

Ana	Don Gregorio, nunca yo
	tuviera tanta osadía
	que el papel de un alma hiciese
	que está gozando de Dios;
	pero ¿visteis algo vos
	que mi hermana os pareciese?
	Porque, si he de hablar verdad
	refiriéndoos lo que pasa,
	las más noches en mi casa,
	apenas la oscuridad
	mata las roces al sueño,
	cuando una voz lastimosa
	nos despierta querellosa,
	al principio con pequeño
	estrépito; mas después,
	con cadenas, con gemidos,
	nos atruena los oídos,
	sin que hasta hoy sepa lo que es.
	Mudé posadas creyendo
	que era duende lo que os digo;
	pero mudóse conmigo
	con sus cadenas y estruendo.
Gregorio	¿Qué decís?
Ana	¿Qué? Boceguillas,
	cuenta tú lo que ha pasado,
	pues, como yo, lo has lastado.
Boceguillas	Contaréle maravillas
	a vuesasted que le obliguen
	a santiguarse. Antenoche
	sentí en el desván un coche
	a quien seis jayanes siguen

97

arrastrando seis capuces
con hachas de cera pez,
dando aullidos cada vez
que se apagaban las luces;
    tras todos, de un blanco velo
cubierto un cuerpo miré,
tan alto, que imaginé
que desollinaba el cielo;
    gemía de cuando en cuando
cual si de parto estuviera;
bajaron por la escalera
seis cadenas arrastrando,
    y entraron en mi aposento
sin perdonar escondrijo;
entonces un jayán dijo:
«Éste, que roncando siento,
    y se llama Boceguillas,
sirve a su amo de trainel;
a la pelota con él
juguemos.» Yo, de rodillas,
    dije: «Si del Purgatorio
sois, ¿qué mal os hice yo?».
Y el alma me respondió:
«Anda y dile a don Gregorio
    que pena por él doña Ana,
porque si luego le avisas
que diga por mí mil misas,
me iré a los cielos mañana.»
    Tarde es; mas ya se lo digo.

Gregorio   ¿Eso puédese creer?

Ana   ¡Oh! Si llegáis a saber
lo que ha pasado conmigo,

	mi crédito haré dudoso.

Gregorio

Al punto mando decir
las misas por no impedir
su descanso.

Ana

              Sois piadoso.

Gregorio

  ¡Por Dios! que anoche creí,
don Gómez, que érades vos,
cuando reñimos los dos;
porque como luego os vi
  en el traje que ahora estáis
y mis sucesos sabéis,
con la fama que tenéis
de las burlas que inventáis,
  dije: «¿Este mozo me incita
para otro riesgo segundo
con cosas del otro mundo?».

Ana

Nunca el cielo tal permita;
  los sufragios que os exhorta
se hagan por ella mañana;
porque, difunta mi hermana
y en el cielo, ¿qué la importa
  que sea vuestra esposa o no
doña Petronila?

Boceguillas

               Poco.

Gregorio

Tendréisme con eso loco.

Ana

Otro estorbo temo yo
  que es harto más importante

entre vos y vuestra dama.

Gregorio   ¿Cuál es?

Ana   Don Gómez se llama,
primo, galán, estudiante
  y, sobre todo, bien visto
de la que es con vos cruel.

Gregorio   Algo me han contado de él.

Ana   Matémosle.

Boceguillas (Aparte.)   (¡Vive Cristo!
  que no es posible que sea
sino engendrado a jirones
de embelecos y invenciones
este tiple taracea.)

Gregorio   Pues él ¿en qué os ha ofendido?

Ana   En el nombre lo primero,
puesto que Portocarrero,
en que se haya entremetido,
  mandón de la que os abrasa
tanto, que podéis temer
que este primo se ha de hacer
primogénito de casa
  en que su traje molesta
a todos; pues al instante
que un zafio ve a un estudiante,
dice, «daca la ballesta»,
  en que compita con vos
y aumente vuestros desvelos.

Gregorio	¿Mas si tuviésedes celos de él?
Ana	¿Yo celos? Bien, por Dios; como de mí.
Gregorio	¿Negaréisme que no amáis a la que adoro?
Ana	¿Yo? Como al rejón el toro. Don Gregorio, amigo, ¿veisme? Pues a fe de caballero que os amo más mucho a vos que a esa dama y a otras dos. La amistad es lo primero; desde que nos conformamos sois dueño de mis acciones; fuera, si, de obligaciones que, si nos comunicamos, sabréis.
Gregorio	Ya me han referido de no sé qué Greida.
Ana	¿Quién?
Gregorio	Que os quiere y le queréis bien.
Ana	¡Por Dios! ¿Qué, lo habéis sabido? Pues yo os juro que es de suerte lo que está conmigo unida que nos alienta una vida y nos espera una muerte.

Boceguillas (Aparte.)   (En esto no hay solecismo,
                          pero hay infinito enredo.)

Gregorio   Confiado habláis.

Ana   Y puedo
                         del modo que de mí mismo.
                           Volvamos al estudiante
                         que ha de morir. ¡Vive Dios!
                         Por mí, cuando no por vos.

Gregorio   ¿De qué suerte?

Ana   Es él rondante
                           y espadachín cuantas noches
                         llama el silencio al reposo,
                         y en extremo tan celoso,
                         que en la calle cuantos coches
                           pasan ha de registrar,
                         cuanto aventurero andante,
                         que, aunque al tal primo estudiante,
                         vuestra dama dé lugar
                           y entrada cuando es de día,
                         de noche no, que su puerta
                         para ninguno está abierta;
                         puesto, aunque es malicia mía,
                           que asistente en una reja
                         las más le sale a escuchar,
                         y con él suele parlar
                         hasta que al indio el Sol deja;
                           hánmelo mentido ansí
                         y es bien que lo averigüemos;
                         la siguiente, pues, iremos,

y si le hallamos allí,
  acabaremos con él;
si no, os habéis de fingir
don Gómez, y hacer salir
la dama, creyendo es él;
  que con la seña engañada
al instante acudirá,
y allí vuestro amor sabrá
si está del primo prendada,
  para que con causa justa
de tramoyas os venguéis.

Gregorio   Las cosas que proponéis
son extrañas; mas, pues gusta
  vuestra amistad, no hay en mí
dificultad.

Ana   A las dos
os espero.

Gregorio   Amigo, adiós.

Ana   ¿Queda esto ansí?

Gregorio   Quede ansí.

(Vase don Gregorio.)

Boceguillas   ¿Estás harto de tejer
marañas? ¿Sóbrate estambre
para otras? ¿Tú de ti mismo,
dama, maltés, estudiante?
¿Tú, contigo compitiendo,
a ti mismo has de buscarte?

103

¿A ti mismo perseguirte
porque a ti mismo te mates?
¿Qué habemos de sacar de esto?

Ana   Boceguillas, pues no sabes
mis fines, no los censures.

Boceguillas   Ya estoy en que me mandaste
oír y ver y callar;
oigo y veo, que esto es fácil,
pero querer que en el golfo
de tanto embeleco calle,
es poner al campo puertas.

(Sale Melchora con manto.)

Melchora   Señor don Gómez, Dios guarde
a vuesa merced.

Ana   ¡Melchóra!
¿Adónde bueno?

Melchora   A buscarle.
«Mensajera sois, amiga»,
etc. El corretaje
que traigo, no pide partes;
mándame a que le cante,
mi señora, o que le rece,
lo antiguo de aquel romance,
«Mira, Zaide, que te aviso
que no pases por mi calle,
ni mires a mis ventanas
ni...» Ya sabrá lo restante.
Vuesa merced, represente

104

el papel del dicho Zaide;
porque está, si no lo cumple,
a peligro que le maten,
o que sepa la justicia
sus mujeriles disfraces
siendo hombre, y tan para hombre
que diz que le llaman padre
o taita Cristobalitos
y Greidas que le desmanchen.
Mi sá doña Petronila
acaba ahora de sacarse
la muela que le ha dolido,
si no mucho, lo bastante,
siendo el gatillo sus celos;
y, si bien escupe sangre,
hay Franciscos y Gregorios
con que sus penas enjuague.
Está en duda con cuál de ellos
brevemente se entalame,
y hay consulta de parientes
en nuestra casa esta tarde;
teme que se la alborote,
y en mujer tan importante
ya verá lo que se arriesga
con el más mínimo achaque.
Dije, y voyme... Adiós, seor mío.

Ana   No has de irte sin que te pague,
Melchora, tan buenas nuevas;
será el premio este diamante.

(Dásele.)   ¡Gracias a Dios que saldremos
de empeños en que a engolfarme
me llevaban, agua arriba,
obligaciones tan grandes!

¡Qué discreta es tu señora!
Con cualquiera que se case
de los dos, tan mis amigos,
hallará dichas iguales
que den envidia a esta corte,
y yo excusaré desaires,
si a Cristóbal legitimo,
que está temiendo su madre.
Dila esto, y adiós.

Melchora   ¡Tan seco!
¡Jesús! ¡Don Gómez! ¡Tan grave!
¿Vuesasted la quiso bien?

Ana   Pues ¿qué he de hacer?

Melchora   ¿Qué? Colgarse
de una viga; dar suspiros
que un neblí no los alcance;
retar, celoso, a Zamora.

Ana   Eso, amiga, solía usarse
en farsas matusalenas;
no hallan celos ya a quién maten;
está muy cristiano amor
y tiembla de condenarse
si loco se desespera.
Vete, y dila de mi parte
que la doy mil parabienes.

Melchora   Pues, mire, por más que trague
hacia adentro sentimientos
y disimule pesares,
yo sé que tiene el pechito

con más agujas que un sastre.
Vaya allá vuesa merced,
pero no le diga a nadie
que yo le di tal consejo,
porque, así Dios me depare
marido que me merezca,
que me ha mandado que llame,
mi señora, deudos suyos
que en casa han de convocarse
para lo que le refiero.

Ana Pues ¿qué quieres, si a intimarme
que no vaya allá te envía?

Melchora ¡Jesús! ¿Pues eso cree? Calle.
¿Luego ignora que en los celos
son mizes todos los zapes?
Vaya luego allá, y adiós.

(Vase Melchora.)

Ana ¿Qué dices de esto?

Boceguillas Que acabes
con todos: o dentro o fuera.

Ana Don Francisco ha de casarse
con ella, o yo no ser hombre.

Boceguillas Pues ¿agora no acabaste
de decir a don Gregorio
que te busque y que te mate
porque su dama se quede
sin estorbos que la embarguen?

Pues ¿cómo impedirle puedes
que este otro agora se case,
si para entrar en su casa
tienes peligros tan grandes?
Pues sus deudos, también dijo
Melchora que han de matarte
si entrar con ella te ven,
conque por ninguna parte
hay puerta para tu enredo,
aunque más máquinas halles.

Ana   Dije, y tengo de cumplirlo.
                             ¿Dudas tú que a mí me falten
medios con que entrarla a ver
y mis cautelas la engañen?
Allá he de entrar luego al punto.

Boceguillas   Luego, ¿los dos han de darle
la mano a la Petronila?
¿Con los maridos a pares?

Ana   Seránlo a pares, o a nones.

Boceguillas   Y, hecho el dicho maridaje
imposible, ¿con quién piensas
casar tú?

Ana   Contigo.

Boceguillas   ¡Zape!

Ana   Boceguillas, lo del alma
en pena me es importante
que se apoye.

Boceguillas	¿De qué suerte?
Ana	Escúchalo. ¿Tú no sabes dónde el don Gregorio vive?
Boceguillas	¡Lindamente, barrio y calle!
Ana	¿Tiene en casa otros vecinos?
Boceguillas	Pienso que ayer vi mudarse los que en el cuarto de arriba moraban.
Ana	Si se quedase vacío, fuera esta suerte de mi sutileza examen. Anda, vamos a saberlo.
Boceguillas	Pues ¿qué tenemos?
Ana	Donaires que me saquen venturoso.
Boceguillas	¡Oh, casa de los orates!

(Vanse. Salen doña Petronila, don Francisco y don Gregorio.)

Petronila	Digo, pues, señores míos, que, sin consultar consejos de mis deudos, aunque viejos, primos, parientes y tíos, no tiene mi elección bríos para ponerme en estado;

para esto los he llamado,
las muchas partes propuesto
de los dos; y según esto,
libré en ellos mi cuidado.
    Los bien nacidos pleitean
como tales a lo igual,
litigan al tribunal;
pero siempre que se vean
es justo que amigos sean;
que yo, en habiendo quistión
que cause murmuración,
desde luego les intimo
que más que el casarme estimo
mi fama y reputación.

Gregorio   Sois tan cuerda, mi señora,
que yo convencido quedo
y las ventajas le cedo
a mi opuesto desde agora;
vuestra suerte se mejora
en empleos de su amor,
y yo, que de su valor,
aunque parte, soy testigo,
le quiero más para amigo
que para competidor.

Francisco   Discreción y bizarría
airosamente juntáis;
mas no es bien que me venzáis,
amigo, en la cortesía:
yo os renuncio la acción mía,
que amor que obliga beldades
no funda felicidades
la vez que elige mujeres

en ajenos pareceres,
sino en propias voluntades.
   Esta señora os la tiene,
sus ojos la muestra os dan,
dejáis por ella a Milán,
y quien de tan lejos viene
no es justo que se enajene
de prenda que suya fue.
Yo, que muerto la causé
llantos que quiero debella,
volviendo a morir por ella
la plaza os despejaré.

Petronila   ¿Finezas entre los dos
a mi costa, caballeros?
¿De qué podéis ofenderos
vos, don Gregorio? ¿Ni vos?
Soy noble; no quiera Dios
que me resuelva arrojada
a cosa...

(Dentro.)

Ana   ¡Y á la cuajada!

Petronila   ...que al mundo dé qué decir,
pues yo no os he de elegir
a deudos subordinada.
   ¿Por qué el uso no desprecio?
¿Por qué a los dos no os admito?
¡Por qué mi estado remito
a quien haga de él aprecio?
Reparad que es caso recio
el de esa resolución,

cuando en vuestra discreción,
en fe de tan estimada,
me fío.

(Sale doña Ana de cuajadera; toca de rebozo hasta la nariz, sombrero, mangas y fundillas blancas; enaguas de cotonía; devantal, con pliegues, blanco; una olla de cobre en una cesta, cubierta con unos manteles que lleva en una mano, y en la otra un cucharón de hierro.)

Ana
¡Y a la cuajada!
¡Válgale la maldición!
¿Han visto cuál se me atreve?
No hay escolar más molesto
en todo Madrid.

Petronila
¿Qué es esto?

Ana
¿Esto? Éntrome acá, que llueve.

Petronila
¿Qué queréis?

Ana
No se apitone.
Un demonio de estudiante,
que siempre lo hallo delante,
de suerte se descompone
por dondequiera que paso
con pellizcos, con locuras,
malicias, desenvolturas,
que, aunque de ellas no hago caso,
me ha obligado a que huya de él
y me éntre sin ton ni son
en su casa de rondón.

Petronila
¿Estudiante es?

Ana	Es la piel del diablo, que le engendró. no me deja a Sol ni a sombra.
Petronila	¿Sabéis vos cómo se nombra?
Ana	Un su mozo le llamó, porque otro lo pescudaba, don Gomia Porchocarrero.
Petronila	Don Gómez Portocarrero diréis.
Ana	Sí; despacio estaba. la moza para estodiar si es don Gómez, Gazmio o rollo.
Petronila	Mi primo es.
Ana	Pues si es su pollo, calcilla le puede echar. ¿Quiere vuesasted cuajada para aquestos caballeros?
Petronila	¡Buena merienda!
Ana	Sin sueros, limpia, fresca y sazonada; más dulce es que una conserva; al azúcar la aventajo; pruébela, que no es de cuajo; a fe mía que es de hierba.

(Saca una cucharada.)

> Aunque esas manos, que pellas
> son de nieve en el color,
> venden cuajada mejor;
> comerse puede tras ellas
> las suyas un capitán.

(Tómaselas.)

Petronila   ¡Aduladora!

Ana   A ver. Llegue.
A fe que no es su jalbegue
de almendras ni solimán.
     ¿Con qué se las lava? ¡Rara
blancura? Amor, tú dirás
que lleve el diablo lo más
con un poco de agua clara.

Petronila   Entre grosero y pulido.
sabéis aliñar primores.
¿Visteis vosotros mejores
ojos?

Ana   No son lo que han sido.

Francisco   Airosa es la cuajadera.

Gregorio   Corred la cortina o toca
que nos priva de la boca.

Ana   Por otro tanto me diera
     su sotana el estudiante;

no la hallara con sazón;
atrevióse el neguijón
a uno de éstos de delante.
   Libre el cielo los que en vos
guarnece de carmesi.

(A doña Petronila aparte.)

                     Écheme a los dos de aquí,
                     que tengo que hablarla.
(A todos.)   Adiós,
                        que pierdo tiempo y es tarde.
                     ¡Y a la cuajada...!

Petronila   Esperad.
                     Licencia los dos me dad.

Gregorio   Dios, bella señora, os guarde
                        para que mucho os logréis
                     con la prenda que os mereée.

Petronila   Si a mis deudos os parece
                     que es bien que sobre esto habléis,
                        miradlo; y cada cual crea
                     que, sin hacer distinción
                     de entrambos, mi inclinación
                     acertar solo desea.

Gregorio   No sé en eso lo que os diga,

(Vase.)

Francisco   Tampoco dichoso soy,
                     que por excluso me doy.

(Vase.)

Petronila   ¿Yo qué he de hacer, pues, amiga?
                   ¿Qué hay de nuevo?

Ana   Que acabemos
                   con celos y impertinencias.

(Quita la toca, desnuda lo de mujer trae la espada debajo del vestido, a la
espaldas, atada con el tahalí, queda en cuerpo, como hombre; saca de la
cesta la capa y la guarnición de la espada, que es de tornillo.)

Petronila   ¡Jesús! ¿Hay tal osadía?

Ana   No ha sido ésta la primera
                   en que tus desconfianzas
                   la vida y gustos me arriesgan;
                   tu condición es terrible.
                   Melchora, sal acá afuera;
                   desnúdame de estas burlas
                   para que hablemos de veras.

(Sale Melchora.)

Petronila   Pues ¿qué dirán los que entraren
                   cuando aquí en cuerpo te vean?

Ana   Veránme en cuerpo y en alma
                   andar por tu causa en pena.

(Desnudándola Melchora tienta la espada a las espaldas.)

Melchora   ¿Qué es esto duro?

116

Ana	La espada.
Melchora	¿La espada? ¿Quién tal creyera, ingenioso embelequista?
Ana	Melchora, amor que no inventa no vale dos caracoles.

(Pone a la espada la guarnición, ciñésela; pónese el sombrero que trujo, y queda galán con la cruz al pecho.)

Melchora	Cada día hay cosas nuevas. ¿Y la guarnición, la capa, con lo demás?
Ana	Esa cesta me sirvió de guardarropa.
Petronila	¡Buena cuajada!
Ana	Y tan buena, que ha de cuajar mis venturas.
(A Melchora.)	Allá esos vestidos entra, llevarálos mi criado.
Petronila	¿A quién?
Ana	A una esclava negra de mi huésped.
Melchora	Cotonías son la gala de Guinea.

(Mete Melchora todo lo demás de este embeleco y vase.)

Ana

Agora, pues, mi enojada,
que no hay disfraces que temas,
¿sobre qué es la pesadumbre?
¿en qué estriban, tus ofensas?

Petronila

Que tal oses preguntarme,
¿llamárelo desvergüenza?

Ana

Pues ¿qué he hecho yo contra ti?

Petronila

¿No es nada, la doña Greida
para esposa apalabrada
cuando arrimes la encomienda,
y el señor Cristobalico
que legitimes?

Ana

¿Quisieras,
mi bien, tú, que antes de verte,
entre hechicero y profeta,
adivinara en Italia
mi ventura y tu belleza,
y a pesar de lindas brides
conservara su entereza
el caballero del Sol,
reservado a la princesa
Claridiana o Clariluna?
Antes es bien que agradezcas
certidumbres que te saquen
de malicias que me afrentan.

Petronila

¿Qué malicias?

Ana   Las escritas
en la carta de la venta
que me llaman mutilado:
ni bien hombre, ni bien hembra.

Petronila   ¡Qué a la cara me han salido,
don Gómez, aunque lo sienta;
lo que es más que imaginable!
En casarme estoy resuelta
con don Gregorio mañana.

Ana   ¿Con quién?

Petronila   Ha de ser por fuerza.
No te canses.

Ana   Muchas horas
hay que entre esta noche median
y mañana para hacer
que se acabe la tarea
en Viveros comenzada.
Veráste antes que amanezca
viuda; prevén luto y tocas,
y adiós para siempre.

(Hace que se va.)

Petronila   Espera.
¿No sois ya los dos amigos?

Ana   ¡Gentil amistad!

Petronila   No sea
con él, pues lo sientes tanto;

don Francisco te agradezca
la mano que de mi parte
puedes ofrecerle.

Ana   En ésa
                    pongo yo el alma y los labios:
(Bésasela.)   tal valor para tal prenda.

(Muy enojada.)

Petronila   Pues, ¡ingrato, fementido,
                    engañamundos, no creas
                    que del uno ni del otro,
                    si hoy con la vida te dejan,
                    logre su amor esperanzas!
                    ¿Han visto que sin dar muestra
                    de un pesar, aunque fingido,
                    la mano el traidor me besa?
                    ¡Vete, falso a tu italiana!
                    Palabras la desempeña;
                    su bastardo legitima;
                    pero, con tal que no vuelvas
                    a esta calle ni a esta casa,
                    que, si su umbral atraviesas,
                    a un tiempo han de celebrarse
                    mis bodas y tus obsequias.

Ana   Eso sí, mi Petronila.
                    ¡Cuerpo de tal! Pique, escueza.
                    Sepamos cuál de los dos
                    trae más fina la pimienta.
                    ¡Qué villanos siempre han sido
                    los celos! Si no se vengan
                    de aquellos que más adoran,

juzgan su amor por afrenta.
¡Ea, pelillos a la mar!

(Muy tierna.)   Celos me diste que queman,
celos te he dado que abrasan,
servido nos han de leña;
pues la brasa se ha encendido
a que el amor se calienta
y humo los celos se llaman,
echemos el humo fuera.
Yo te adoro —¡el cielo vive!—.
Si no bastan para prueba
de esta verdad los disfraces,
ya dama, ya cuajadera,
ya doña Ana, ya don Gómez,
ya estudiante, ya alma en pena,
¿qué ha de bastar?

(Sale Melchora.)

Melchora   Yo, señora,
que he sabido, en mi conciencia,
que ni duerme el pobrecito
por ti, ni come, ni cena.
Si el bien se nos entra en casa,
¿qué diablos es lo que esperas?
Mira qué talle de alcorza;
mira qué cara de perlas.
Acaba, dale esa mano.

(Finge doña Ana que llora.)

Petronila   ¿Qué es eso? ¿Lloráis?

Ana   Me aprietan

congojas no se si el alma.
No con vos crédito pierda
mi valor, que no es cobarde;
quien guarda para la guerra
las manos, y para un susto
de amor los ojos y lengua.

Petronila   ¿Pues la Greida?

Ana   Casaráse
con otro dándola hacienda
suficiente; pues me excusa
esta cruz, que no dispensa
tálamos embarazosos.

Petronila   ¿Y el Cristóbal?

Ana   Su nobleza
le sirva de patrimonio.

Melchora   Si es natural, no es afrenta.

Ana   Echará, si se lograre,
por las armas o la iglesia.

Petronila   Si esa cruz, pues, os impide
lazos lícitos con ella,
¿cómo podréis ser mi esposo?

Ana   Para la otra es cruz profesa;
pero para vos, novicia.

Petronila   Ahora bien. Templad tristezas
y infórmeme yo, entretanto,

	de cosas que es justo sepa para asegurar temores.
Ana	¿Qué plazo asignáis?
Petronila	Abrevian los deseos, cuando abrasan, dilaciones que atormentan.
Ana	Comerme quiero esta mano a besos.

(Tómala la mano.)

Melchora	No se la beba, que es de nieve y le hará mal.
Ana	Pues ¿cómo abrasa si nieva?

(Muérdesela.)

Petronila	¡Ay! Bellaco sois, don Gómez.
Melchora	¡Quedito! Señor, no muerda.
Petronila	Hechizo mío ansí sean todos los hombres.
Ana	Envidia corazón, labios y lengua.

(Vanse todos. Salen don Gregorio y Montilla.)

Gregorio	¿Qué hora es?

Montilla	Todo el cahiz conté menos una hanega.
Gregorio	Si un desengaño sosiega, quien los admite es feliz. 　Pensé esta noche rondar a mi ingrata; ya no quiero.
Montilla	Róndela el Portocarrero y —¡alto señor!— a acostar.
Gregorio	Viva el dichoso estudiante, pues sus intentos logró. ¿Por qué he de matarle yo si el paso me echó adelante? 　Venme a desnudar, Montilla.
Montilla	¡Gracias a Dios que una vez le hallo cuerdo! El almirez nos despierte, campanilla 　de todo poltrón galán.
Gregorio	No, Madrid, en ti más llamas.
Montilla	¡Fuego de Cristo en sus damas!
Gregorio	Luego me vuelvo a Milán.

(Vanse. Sale doña Ana, de hombre, y Boceguillas.)

Boceguillas	Tu ingenio se me ha pegado.
Ana	¿Cómo?

Boceguillas	Díjele al casero
	que quería un caballero,
	a Madrid recién llegado,
	ver el cuarto que alquilaba,
	porque, en saliendo contento,
	sería tu alojamiento;
	y él, aunque lo deseaba,
	por no sé qué ocupación,
	respondió que hasta otro día
	mostrárnoslo no podía.
	Dile entonces un doblón
	redondo, divina salsa
	que a todos los gustos sabe,
	fióme al punto la llave
	y entré por la puerta falsa
	sin que nadie me sintiese,
	metí cadenas y grillos
	que ha de pasmar al ollos
	el tal —ioh, si ya durmiese!—
	y dite aviso al momento.
Ana	Comiéncese, pues, la esgrima.
Boceguillas	Estas piezas caen encima
	de su cama y aposento;
	a acostarse iban agora,
	que yo los vi diligente
	desde aquí.
Ana	Un convaleciente
	mejor duerme que enamora.
	¡Gentil modo de matar
	al estudiante!

125

Boceguillas   Una herida
teme otra, y no hay mejor vida
que vivir.

Ana   Vuelve a mirar
si se han traspuesto los dos.

Boceguillas   ¿Por dónde?

Ana   Esa cuadra acecha.

(Acéchalos.)

Boceguillas   Roncando, los soplos echa
de a legua y media. ¡Por Dios,
            que es treinta Alcaldes Ronquillos.

Ana   Alto, pues, no lo dilates.

Boceguillas   ¿Qué falta?

Ana   Que la luz mates
y anden los ayes y grillos.

Boceguillas   De mí mismo tengo miedo.

Ana   Vaya.

Boceguillas   Aquí empieza la historia.

(Éntranse, y allá dentro arrastran cadenas, con ayes y todo estrépito.)

Ana   ¡Ay, que me impide la gloria

un ingrato!

Boceguillas   ¡Ay, que no puedo
salir, por él, de las penas
inmensas del Purgatorio!

Ana   ¡Ay, remiso don Gregorio!

Boceguillas   ¡Ay, Montilla!

(En calzoncillos y camisa Montilla, con vestidos, sábanas y mantas a cuestas.)

Montilla   Mil cadenas
siento que vienen tras mí;
y mil demonios con ellas
dando aullidos y querellas.

Boceguillas   ¡Ay, que me abraso!

Ana   ¡Ay de mi!

Montilla   Conjúrote por el Credo
menos el Poncio Pilotos.

Ana   ¡Ay, hombres de viles tratos!

Montilla   Algalia sudo de miedo.
            ¿Qué me quieres, aullador?

Boceguillas   Misas.

Montilla   ¿Soy yo San Gregorio?
¿He arrendado el purgatorio?

¿Fui yo acaso colector?

(Sale don Gregorio, en jubón y calzoncillos, con la espada desnuda.)

Gregorio   ¿Qué calabozos se pasan
                      desde el infierno a este puesto?
                      ¿Montilla?

Montilla   ¡Señor!

Gregorio   ¿Qué es esto?

Montilla   ¡El Juicio!

Ana   ¡Ay! ¡Que me abrasan
                      llamas sin luz invisibles!
                      ¿Por qué en mis penas no avisas?

Gregorio   Visiones, ¿qué queréis?

Los dos   Misas

Gregorio   Yo os prometo las posibles.

(A voces lastimadas. Mucho estruendo.)

Ana   Mientras que en el purgatorio
                      esté, porque tú lo quieres,
                      tener sosiego no esperes
                      ni casarte, don Gregorio.

Gregorio   ¡Sombras, que os juzgo infernales!
                      No os he de tener temor.
                      Quita.

Montilla	¿Dónde vas, señor?

(Hace cuchilladas al aire.)

Gregorio	¿Qué sé yo?

Montilla
                      No son mortales
        los que aúllan, sino sombras
        de azufre y hierro cargadas;
        ¿de qué sirven cuchilladas?

Gregorio
        Quédate tú, que te asombras;
          subiré al cuarto de arriba,
        que en mí el espanto no cabe.

Montilla
        Si está la puerta con llave
        sin persona que le viva
          por más que intentes, ¿qué harás?
        El diablo aquí te hospedó.

Gregorio	Pues, ¿qué he de hacer?

Montilla
                          Lo que yo:
        afufallas.

Gregorio	¿Dónde vas?

Montilla
          Voyme a la, caballeriza,
        refugio a todo lacayo
        donde jamás cayó rayo
        ni fantasma atemoriza,
          ni los riesgos ordinarios
        de vientos y terremotos;

los rayos son muy devotos,
que buscan los campanarios,
    palacios y galerías.
Acójome a estercolar
el sueño.

(Vase.)

Gregorio   Si han de durar;
hasta que alumbren los días,
    todas las noches espantos
semejantes, sin dormir,
mejor me estará salir
y excusar estruendos tantos,
    no de temor; todo el techo
se viene abajo.

(Se hace mucho ruido. Arriba los dos, doña Ana y Boceguillas, que se vean.)

Boceguillas   Sí hará.

Ana   Boceguillas, bueno está;
lucidamente lo has hecho.
    ¡Alto, A la tal falsa puerta
con todo el fantasmo ajuar!

Boceguillas   Bien puedo representar
diez almas.

Ana   No quede abierta
la casa. Ven.

(Vanse.)

Gregorio   Saber quiero,
                    pues por hoy no he de dormir,
                    si a su dama va a asistir
                    el primo Portocarrero
                        y está a la reja admitido
                    de quien conmigo es cruel.
                    Podrá ser que vengue en él
                    lo que en casa no he podido.

(Vase. Sale don Francisco como de noche.)

Francisco   Esta vez, sospechas mías,
                    he de ver si salís falsas,
                    o el duplicado don Gómez
                    con vil cautela me trata.
                    He recelado que tiene
                    como los nombres las caras,
                    como el ingenio las obras,
                    y que me usurpa a mi dama.
                    En mis celos se deleita;
                    en sus ojos se retrata,
                    pues siempre en ellos he visto
                    que sus niñas le agasajan.
                    Si esto es así, lo que el día
                    a las malicias recata,
                    desquitarán por las noches
                    cohechos de sus ventanas.
                    Hagamos, pues, la experiencia.

(Rebozado don Francisco y a la ventana Melchora.)

Melchora   A nuestras puertas se para
                    un hombre. ¿Si es el que espero?
                    La noche está tan cerrada

que diviso y no averiguo.
¿Pero si no es el que aguarda
el que las piedras nos cuenta?
¡Eh, caballero! ¿Quién pasa?

(Aparte y luego a ella.)

Francisco (Aparte.)   (Ya tenemos un indicio.)
Don Gómez soy.

Melchora   ¡Acabara
de hablar yo para otro jueves!
Bien venido.

Francisco (Aparte.)   (La criada
es ésta; mas ¿si se quieren
los dos?)

Melchora   Echóse en la cama
por esperarle vestida
habrá dos horas el ama.
Dormilón es el don Gómez.

Francisco   No ha causado mi tardanza
el sueño. Los pliegos fueron
que he recibido de Italia.

Melchora   ¡Qué de ello me debe, amigo!

Francisco   Vos escogeréis la paga
a contento.

Melchora   Se la tengo
más que una cordera mansa;

no la diga pesadumbres.

Francisco   ¿Yo, mi Melchora?

Melchora   A llamarla
voy; retírese allá afuera,
que no sé a quién siento.

(Vase.)

Francisco (Aparte.)   (¡Ah, ingrata!
¿Para esto no hay llamar deudos
que con vos consultas hagan?)

(Sale Montilla.)

Montilla   ¡Válgaos el diablo por pulgas!
Peores sois que las almas.

(Pónese enfrente de la ventana.)

                    No he podido pegar ojo.
Mi dueño dejó la casa
a sus huéspedes en pena,
y como en las de amor anda,
que puesto que las ignoro,
las unas y otras abrasan,
tendrá aquí su purgatorio.
Oigan allí lo que pasa.
Él es. ¿No lo dije yo?
Rebózome la fachada,
y sus querellas escucho.

(Rebózase.)

Francisco	Cogióme el puesto el que traza
	con embelecos su muerte.
	Escuchemos en qué paran
	estos oscuros conciertos.

(Sale don Gregorio, rebozado.)

| Montilla | Otro salió a la parada. |

Gregorio	¿Dos hombres junto a su puerta?
	El cuerpo lo hacen de guardia
	¡Vive Dios! Que he de saber
	quién son, o morir. ¿Quién pasa?

(A don Francisco.)

| Francisco (Aparte.) | (Su mismo nombre me vengue.) |
| | ¿Quién lo pregunta? |

| Gregorio | Quien anda |
| | buscando a cierta persona. |

(Rebozados todos.)

| Francisco | Don Gómez soy. |

Gregorio	¿Y se llama
	Ávalos, Portocarrero
	o cómo?

| Francisco | Yo tengo entrambas |
| | noblezas y entrambos nombres. |

Montilla (Aparte.)   (Aquí comienza la danza.)

(Sale doña Ana, de hombre, y Boceguillas.)

Boceguillas   Tres a tres los rondanditos.

Ana   Hacia esa esquina te aparta,
                     y déjame a mí con ellos.

Boceguillas   ¡Qué lindo vocablo el hacia!

(Arrímase Boceguillas junto a Montilla sin verle.)

Ana   En forma estáis de pendencia;
                     mas no lo sufre la casa
                     a cuyas puertas se forja,
                     que miro yo por su fama.

(Se pone entre los dos, rebozada.)

                     Servíos de mi cortesía
                     y, con ella, de esta espada,
                     sabiendo yo, si ser puede,
                     cómo os llamáis los dos.

Gregorio   Basta
                     que vos lo pidáis ansí.
                     Yo soy don Gómez.

Ana   ¿Quién?

Montilla (Aparte.)   (¡Vaya!
                     Ya tenemos dos don Gómez.)

Francisco	El que eso finge os engaña, porque yo el don Gómez soy.
Boceguillas (Aparte.)	(Jueguen, pues, al tres en raya.)
Ana	Adviertan vuesas mercedes que a la corte, desde Italia, y desde la cuna hasta ella ese nombre me acompaña. ¿Tres don Gómez? ¿Qué apellido los guarnece?
Boceguillas (Aparte.)	(¡Linda chanza!)
Francisco	Yo soy Ávalos y luego Portocarrero.
Ana	¡Oh, qué gracia! ¿Y vuesa merced?
Gregorio	También esos títulos se enlazan en mí con el de don Gómez.
Ana	No debe de ser sin causa el triunvirato Gomezio.
Boceguillas	¿Quién va allá?
Montilla	¡Zape!
Boceguillas	¿Quién anda cedulón aquí de esquinas?

(Tópanse sin verse.)

Montilla   Don Gómez.

Boceguillas   Tentad si es paja.
                  Todo Madrid se gozmenia.

Montilla   Y él ¿quién es?

Boceguillas   Don Gómez.

Montilla   Maula;
                  ¿mas si llamase esta corte
                  doñas Gozmas a sus dayfas?

Ana   Concluyamos, caballeros;
                  no uséis mal de mi templanza:
                  decid vuestros nombres proprios.

Montilla (Aparte.)   (Apostemos que son almas
                  que tras don Gregorio vienen.)

(A doña Ana.)

Gregorio   A vuestro lado las armas
                  os ofrezco con la vida.

(Júntanse.)

Ana   ¡Oh, amigo! ¿Vos sois?

Gregorio   Me sacan
                  de mi casa y de mi seso
                  visiones de vuestra hermana.

Ana   ¿Veislo? ¿No os lo dije yo?
                       Pues, ¿qué ha sido?

Gregorio   Es cosa larga.
                       Para después lo dejemos.

Francisco   Señores, antes que el alba
                       madrugue, que ya se acerca,
                       por precisas circunstancias
                       me importa que el un don Gómez
                       de los dos del mundo salga.

Ana   ¿Cuál es de ellos?

Francisco   El que finge
                       amistades que por falsas
                       dobleces, que por civiles
                       le apresuran la mortaja.

Gregorio   Será, caballero, fuerza
                       reñir con los dos.

Francisco   Ventajas
                       tiene mi razón y enojo
                       para más que vengan.

(Sacan los tres las espadas.)

Petronila   Abran
                       estas puertas.

(Dentro.)

Melchora	Sí, señora,
	que a su don Gómez nos matan.

Petronila	Melchora, saca esas luces.

(Salen doña Petronila y Melchora, con luces.)

Montilla	Vengan hachas.

Boceguillas	Vengan hachas.
	Serviremos de comedia,
	si es que esto en bodas acaba.

Petronila	¡Don Gómez! ¡Amado primo!
	¿Con quién lo habéis? ¿Vos la espada
	desnuda?

Ana	Templad los sustos.

Petronila	¿Templar? ¿Pues qué es esto?

Ana	Nada.

Petronila	¿Quién está con vos?

Ana	Mi esposo.

Gregorio	¿Mi quién?

Ana	Si valen palabras,
	vos sois el esposo mío.

Gregorio	¡Jesús! ¿Qué decís?

Ana	El alma que por vos ha andado en pena soy de la ausente doña Ana.
Gregorio	¿Alma vos? ¡Válgame el cielo!
Ana	¿Qué tenéis?
Montilla	Miren si escampa.
Ana	Alma soy, que un cuerpo anima; cuerpo soy, que en ella os ama; vida tengo, por vos muerta mi opinión y vuestra fama. Para que ésta resucite y estotra se satisfaga, peregrinaron deseos que atravesaron distancias, inventaron sutilezas y olvidaron a su patria. Si amor tan firme merece que se corresponda...
(Llora.)	
Gregorio	Basta. No lloréis, bella señora; que el cielo de vuestra cara, no alma en pena, cual fingisteis, alma en gloria os me retrata. ¡Si antes yo os hubiera visto!
Petronila	¿Hay tal cosa?

Melchora	¡Lo que pasa en el mundo!
Boceguillas	Lacayo hembro he sido. Denme matraca.
Petronila	No le creáis, caballeros. Advertid que aún nos engaña. Ya sabéis sus artificios.
Ana	Por vos, señora, me holgara. Doña Ana de Ávalos soy.
Petronila	¿Y la Greida que os aguarda con un hijo y mil promesas?
Boceguillas	¿Qué Greidas, o calabazas?
Petronila	Vila yo por estos ojos.
Ana	Vistesme a mí transformada en Greida, en Portocarrero, en don Gómez y en doña Ana.
Gregorio	Cuando no traigáis más dote que las sutilezas raras de ese ingenio, que eternicen plumas, buriles y estatuas, merecen que yo os adore. Dadme esa mano.

(Danse las manos.)

Montilla	¡Oh, bien haya

la madre que te ha parido!
De éstas vengan mís fantasmas.

Ana   Bella doña Petronila,
                       enriqueced esperanzas
                       de don Francisco que, pobre
                       de ellas, mi amistad maltrata.

Petronila   Lo que mandáis obedezco.

(A doña Ana.)

Francisco   Mi silencio os dé las gracias.
(A doña Petronila.)   Y a vos, señora, mi afecto
                       el corazón.

Melchora   ¿Quién se casa
                       conmigo?

Ana   Melchora, escoge,
                       que, para que feries galas,
                       docientos de oro te libro.

Melchora   Vengan; aunque sean en plata.

Montilla   Aquí estoy yo.

Boceguillas   Y yo también.

Melchora   ¿Ojearon la ganancia?
                       Codiciositos me son.
                       Pues yo he dado en ser beata.

Ana   ¡Qué gran bellaco que ha sido

142

el Don Gómez! Si os agrada
la comedia —ioh, gran concurso!—
decid, supliendo mis faltas,
que han de ser ansí los hombres
cuando engertos en las damas.

Fin de la comedia

Libros a la carta

A la carta es un servicio especializado para
empresas,
librerías,
bibliotecas,
editoriales
y centros de enseñanza;
y permite confeccionar libros que, por su formato y concepción, sirven a los propósitos más específicos de estas instituciones.

Las empresas nos encargan ediciones personalizadas para marketing editorial o para regalos institucionales. Y los interesados solicitan, a título personal, ediciones antiguas, o no disponibles en el mercado; y las acompañan con notas y comentarios críticos.

Las ediciones tienen como apoyo un libro de estilo con todo tipo de referencias sobre los criterios de tratamiento tipográfico aplicados a nuestros libros que puede ser consultado en Linkgua-ediciones.com.

Linkgua edita por encargo diferentes versiones de una misma obra con distintos tratamientos ortotipográficos (actualizaciones de carácter divulgativo de un clásico, o versiones estrictamente fieles a la edición original de referencia).

Este servicio de ediciones a la carta le permitirá, si usted se dedica a la enseñanza, tener una forma de hacer pública su interpretación de un texto y, sobre una versión digitalizada «base», usted podrá introducir interpretaciones del texto fuente. Es un tópico que los profesores denuncien en clase los desmanes de una edición, o vayan comentando errores de interpretación de un texto y esta es una solución útil a esa necesidad del mundo académico.

Asimismo publicamos de manera sistemática, en un mismo catálogo, tesis doctorales y actas de congresos académicos, que son distribuidas a través de nuestra Web.

El servicio de «libros a la carta» funciona de dos formas.

1. Tenemos un fondo de libros digitalizados que usted puede personalizar en tiradas de al menos cinco ejemplares. Estas personalizaciones pueden ser de todo tipo: añadir notas de clase para uso de un grupo de estudiantes,

introducir logos corporativos para uso con fines de marketing empresarial, etc. etc.

2. Buscamos libros descatalogados de otras editoriales y los reeditamos en tiradas cortas a petición de un cliente.